韓国の竹島教育の現状とその問題点

下條正男

表紙写真……大後秀勝『大日本海陸全図聯接朝鮮全国並樺太』部分（個人蔵）

第一節　序論

竹島（韓国名、独島）が日韓の係争の地となってすでに半世紀以上が過ぎたが、いまだ日本は解決の糸口すらつかめずにいる。これはこれまでの日本側の対応にも検討すべき点があったのではないか、ということである。韓国側では日本が一九〇五年に竹島を日本領に編入したことを、「日本による朝鮮半島侵略の最初の犠牲物」とし、日本がその領有権を主張することは「独立を否定するもの」として、竹島問題を「歴史問題」と捉えてきた。これに対し、竹島問題を「領土問題」とする日本政府は、国際司法裁判所に委ねることを最終的な外交目的として、「国際法」を尊重した外交政策を取り続けてきた。

だが竹島問題を「歴史問題」とする韓国側は、最初から国際司法裁判所で解決する意思はなかった。それは一九五四年九月二十五日、竹島問題を国際司法裁判所に提訴しようとした日本政府に対し、韓国政府は十月二十八日、覚書を通じて、「紛争を国際司法裁判所に付託しようとする日本政府の提案は、司法的な仮装による虚偽の主張をするもう一つの企てに過ぎず」、「独島は日本の侵略の犠牲となった最初の韓国の領土」として、国際司法裁判所への付託を拒否した事実からも明らかである。その韓国側に対して、日本政府は一九六二年と二〇一二年にも国際司法裁判所への付託を提案し、韓国政府によって拒絶された。国際法重視の日本政府と、竹島問題を「歴史問題」と認識する韓国政府とでは、最初から争点がかみ合っていなかった。この状況では、竹島問題はいつまでも平行線を辿らざるを得ない。

それに韓国側では、二〇一一年頃から小・中・高生に対する「独島教育」体制を確立させ、その教育支援体制を整えている。これに対して日本の文部科学省が竹島問題を『学習指導要領』に記載したのは、二〇一七年の平成二十九年度版が初めてである。だが外交が足踏み状態にある中で、法的拘束力を持った『学習指導要領』を先行させることは、いたずらに韓国側を刺激するだけである。

韓国側では、すでに韓国の国策研究機関である「東北アジア歴史財団」が竹島教育の副教材『独島を正しく知る』を開発し、授業で使用している。それも二〇一一年に副教材が開発されて以来、二〇一三年版、二〇一四年版、二〇一五年版、二〇一六年版、二〇一七年版と版を重ね、教授用の学習指導案としての『教授・学習課程案及び学習誌』と参考資料として東北アジア歴史財団編の『わが領土独島と出会う』(二〇一一年刊)も刊行されている。

日本の竹島教育は、漸くその緒についたばかりである。日本では『学習指導要領』に竹島が記載されても、韓国のように竹島教育のための副教材もなければ、学習指導案としての『教授・学習課程案及び学習誌』も竹島教育の参考資料としての『わが領土独島と出会う』も準備されていない。この状態で、竹島教育の方針だけが示されても、教壇に立つ日本の先生方は、何をどう指導したらよいのか、迷うだけである。

そこでこの小冊子では、二〇一六年度版の高校生用の『独島を正しく知る』の歴史分野を中心に、韓国側の独島教育では何をどのように教えているのか、その概要と問題点を明らかにすることにした。

(1) 竹島問題と韓国の竹島(独島)教育

二〇一七年度版の高校生用『独島を正しく知る』は、「東北アジア歴史財団」の下部組織である独島研究所のサイトに掲載されており、誰でも閲覧ができる。その章立ては、「昔の記録に現われた独島」、「日本も認めた朝鮮時代の独島」、「古地図の中で探す我が領土独島」、「近代の独島と日本の独島侵奪」等、一〇章で構成され、その分量は八六頁に及ぶ。

それも二〇一七年度版の『独島を正しく知る』(小・中・高用)が改訂版として公開さ

れたのは、日本の文部科学省が平成二十九年度版の『学習指導要領』案に初めて竹島問題を記載した翌月のことである。

この改訂版は予め準備されていたものであろうが、韓国側の対応の早さと、その戦略的対応能力の高さは日本の比ではない。

それは二〇〇八年、文部科学省が平成二十一年度版の『中学学習指導要領解説社会編』に竹島問題を取り上げた際も同様で、その後、日本の社会科の教科書に竹島問題が記載され始めると、二〇一一年二月、韓国の教育科学技術部が「小・中・高等学校独島教育の内容体系」を公表し、その年の十二月には、小・高生を対象とした竹島教育の副教材『独島を正しく知る』と中学生用の『永遠の我が領土独島』が開発されている。

このように韓国側の対応が速く的確なのは、韓国側には竹島問題を専門に研究し、政策提言をする「東北アジア歴史財団」が存在するからである。『独島を正しく知る』も、「東北アジア歴史財団」がこれまでまとめてきた『日本人が知らない一〇の独島の真実』（東北アジア歴史財団、二〇一一年）、『古地図に現われた東海と独島』（東北アジア歴史財団、二〇一〇年）と『行きたい我が領土独島』（国立中央博物館、二〇〇六年）等を参考に、編纂したものである。

それも韓国側が独島教育の副教材を開発したのは、二〇〇八年に、日本の文部科学省が『中学学習指導要領解説社会編』（「地理的分野」・「歴史的分野」・「公民的分野」）で、次のように数行、竹島について記載したことが契機となった。

北方領土（歯舞群島・色丹島・国後島・択捉島）や竹島について、それぞれの位置と範囲を確認させるとともに、我が国の固有の領土であるが、それぞれ現在ロシア連邦と韓国によって不法に占拠されているため、北方領土についてはロシア連邦にその返還を求めていること、竹島については韓国に対して累次にわたり抗議を行っていることなどについて的確に扱い、我が国の領土・領域について理解を深めさせることも必要である。（「地理的分野」四九頁）

「領土の画定」では、ロシアとの領土の画定をはじめ、琉球の問題や北海道の開拓を扱う。その際、我が国が国際法上正当な根拠に基づき竹島、尖閣諸島を正式に領土に編入した経緯にも触れる。（「歴史的分野」九九頁）

固有の領土である北方領土や竹島に関し未解決の問題が残されていることや、現状に至る経緯、我が国が正当に主張している立場、我が国が平和的な手段による解決に向け

て努力していることを理解させる。(「公民的分野」一四一頁)

しかしここで示されているのは、あくまで指導の方針である。それも「我が国が国際法上正当な根拠に基づき竹島」を「正式に領土に編入した」として、それが現在、「韓国によって不法に占拠されている」。そこで「我が国が平和的な手段による解決に向けて努力していることを理解させる」といった趣旨を述べるに止まっている。

だが韓国の教育科学技術部の定めた「小・中・高等学校独島教育の内容体系」では、次のように実践的な独島教育の方針を明確にしているのである。

独島に対する日本の挑発を抑え、独島が我が国の領土ある認識を日本は勿論のこと、国際社会に拡散させるためには、まず我々が独島に対して、正しく知らなければならない。事実を正しく知れば論理的に主張ができ、相手方を説得することができるからだ。(中略)日本の挑発に効果的に処置するためには、我々も日本以上に緻密で持続的な方法で対応しなければならない。(二〇一一年度版『永遠の我が領土独島』中学生用)

韓国側の独島教育の方針は、「独島が我が国の領土ある認識を日本は勿論のこと、国際社会に拡散させる」ことを目的として、戦略的で、巧妙である。だが日本の竹島教育の実態は、韓国の教育科学技術部が「我々も日本以上に緻密で持続的な方法で対応しなければならない」とするほど、緻密でも持続的でもない。それを韓国側では、「国際社会に拡散させるためには、まず我々が独島に対して、正しく知らなければならない」と過剰に反応し、開発したのが副教材の『独島を正しく知る』である。その竹島問題に対する韓国側の「歴史認識」が、二〇一一年度版『独島を正しく知る』（高校用）の巻頭辞では、次のように述べられている。

日本は韓国を植民地化する過程で独島を強奪したことがあり、解放後から今まで、独島を自国の領土だとして強弁している。また最近では日本の次の世代を担う小・中・高校生たちは、独島は日本の領土だとする教育を受けている。しかし独島は大韓民国固有の領土であり、独立と主権の象徴である。そこで我々はやむなく「独島は日本の領土」という教育を受けて育った日本人に対して、独島が韓国の領土であるということを歴史的、国際法的に、そして地理的に説明しなければならない状況に置かれているといわざるを得ない。

韓国側の独島教育の目的は、竹島を日本領とする教育を受けた日本人に対して、独島（竹島）が韓国領であることを説明することにあるのである。そのため副教材の『独島を正しく知る』以外にも、生徒達を指導するための『教授・学習課程案及び学習誌』と東北アジア歴史財団編の『わが領土独島と出会う』が開発されていたのである。

ではその『独島を正しく知る』では、どのような論理で独島（竹島）を韓国領として教えているのだろうか。韓国側では、『三国史記』、『東国文献備考』、『世宗実録』「地理志」、『八道総図』、『三国通覧輿地路程全図』、『改正日本輿地路程全図』、「太政官指令」、「勅令第四一号」等を根拠として、竹島は韓国領であるとしてきた。そこで以下、韓国側が根拠とする文献に対して、『独島を正しく知る』で示された文献の解釈は妥当だったのか、その第四章「昔の記録に現われた独島」を中心として、検証することにした。

第二節　『三国史記』と『東国文献備考』

韓国側ではこれまで、「竹島（独島）は六世紀から韓国領であった」としてきた。その際、韓国側が依拠したのは『三国史記』であった。『独島を正しく知る』の「昔の記録に現われた独島」では、それを次のように説明している。

我が国では欝陵島・独島に対する記録は、『三国史記』（一一四五年）に出てくる。ここには新羅の異斯夫が「于山国」を新羅に服属させた内容が記述されている。この于山国には欝陵島だけでなく于山島、すなわち今日の独島が含まれていた。これは『東国文献備考』（一七七〇年）で、「欝陵と于山は皆于山国の領土である」としていることで分かる。（「三国時代の欝陵島と独島」）

ここで『独島を正しく知る』が挙げている文献は、『三国史記』（「新羅本紀」）の「智証王十三年（五一二年）条」と、一七七〇年に編纂された『東国文献備考』（「輿地考」）である。『三国史記』の「智証王十三年条」には、確かに「于山国、帰服す」として、「于山国」が新羅に服属したとする記述がある。その于山国に、「今日の独島が含まれていた」証拠にされたのが、『東国文献備考』(「輿地考」)である。

『東国文献備考』(「輿地考」)の「蔚珍県条」には、「欝陵と于山は皆于山国の領土である」とした分註があることから、『独島を正しく知る』では、その于山を「今日の独島」と解釈し、「于山国」(欝陵島)には独島(于山島)が含まれていた、としたのである。それが『三国史記』(「新羅本紀」)の「智証王十三年条」であったことから、独島は六世紀から韓国領になっていた、というのである。

だが一七七〇年に編纂された文献によって、一一四五年に成立した『三国史記』に記された于山国に、「今日の独島が含まれていた」証拠とするのは拙速である。

それは『東国文献備考』に対する文献批判を行い、論拠となった『東国文献備考』の分註についても、検証する必要があるからだ。そこで『東国文献備考』(「輿地考」)の「蔚珍県条」を確認してみると、そこには次のように記述されている。

「輿地志に云う、欝陵・于山は皆な于山国の地。于山は則ち倭の所謂松島なり」

この分注を見ると、『東国文献備考』（「輿地考」）では、『輿地志』という、別の文献を引用して、「欝陵と于山は皆于山国の領土である」としていることが分かる。それを『独島を正しく知る』では、分注前半の「欝陵・于山は皆な于山国の地」の部分だけに依拠して、後半部分の「于山は則ち倭の所謂松島なり」は無視している。それは「于山は則ち倭の所謂松島なり」が、独島（竹島）を韓国領とする韓国側にとっては、望ましくない記述だからである。

この「于山は則ち倭の所謂松島なり」の文言は、一六九六年六月、鳥取藩に密航した安龍福が、帰還後の朝鮮政府の取り調べに対して、「松島は即ち于山だ。これもまた我国の地である」とした供述に由来する。そのため『独島を正しく知る』では、「于山国には欝陵島だけでなく于山島、すなわち今日の独島が含まれていた」とする論拠が、一七世紀末の密航者の供述だったとすれば、その信憑性が疑われることを嫌ったのであろう。（安龍福の証言が偽証であった事実については、『安龍福の供述と竹島問題』（島根県総務部総務課）参照。

それに『東国文献備考』（「輿地考」）の「蔚珍県」条の分注に、「輿地志に云う」とあれば、当然、その当該部分を『輿地志』で確認する必要がある。この『輿地志』は、柳馨遠が一六五六年に編纂した『東国輿地志』のことで、『東国文献備考』（「輿地考」）では多く引用されているからだ。それに一六五六年に編纂された『東国輿地志』に、その四十年後の安龍福の供述が記載されていれば、それは疑ってみる必要がある。

そこで現存する『東国輿地志』の「蔚珍県」条で確認すると、そこには「一説、于山欝陵本一島」とした記事はあるが、『東国文献備考』（「輿地考」）の分註にあるような記述はなかった。この事実は、『独島を正しく知る』が論拠とした『東国文献備考』（「輿地考」）の分註は、『東国文献備考』（「輿地考」）が編纂される過程で、新たに書き加えられていたとみるべきなのである。

これまで韓国側では、『東国文献備考』（「輿地考」）の分註を唯一の論拠として于山島を独島とし、竹島は六世紀から韓国領であるとしてきた。だがその分註の文言は、原典の『東国輿地志』（「蔚珍県」条）には存在しなかったのである。これは、韓国側には、「于山国には欝陵島だけでなく于山島、すなわち今日の独島が含まれていた」ことを証明できる文献が無くなり、「独島は六世紀から韓国領」とする主張も成り立たない、ということである。

それに『独島を正しく知る』で、「独島に対する記録は『三国史記』（一一四五年）に出てくる」とする『三国史記』には、それを実証できる記述がないのである。『三国史記』の「智証王十三年条」には、次のように記されているからである。

十三年夏六月、于山国帰服。歳以土宜為貢。于山国在溟州正東海島、或名欝陵島。地方一百里。(于山国帰服す。歳に土宜を以て貢をなす。于山国は溟州の正東にある海島にして、或は名、欝陵島。地方一百里)

この『三国史記』の「智証王十三年条」から、『独島を正しく知る』が引用したのは、はじめの「十三年夏六月、于山国帰服」だけである。だが重要な記述はその後半部分にある。そこでは于山国の彊域を「地方一百里」と、明記しているからだ。『三国史記』(「智証王十三年条」)で、于山国を「地方一百里」と表記したのは、その行政区域の広さが行政単位である「郡県」に当たる程としたからで、「地方一百里」は、「郡県」の広さを示す常套句である。また「或名欝陵島」としたのは、于山国が欝陵島一島だったからである。『三国史記』の「智証王十三年条」には、現在の竹島に関する記述がないのである。

その事実は、十三世紀に成立した『三国遺事』の「智哲老王」条で、確認ができる。『三国遺事』の「智哲老王」条では、于山国の彊域を「周回二万六千七百三十歩」（一歩は唐尺で約一・六m）と明記しているからだ。

この「周回」は、于山国の周囲が「二万六千七百三十歩」あったということで、欝陵島一周の距離を示したものである。その「周回二万六千七百三十歩」（約四十三キロ）の内には当然、竹島は含まれていない。竹島は、欝陵島から東南に約九〇キロも離れているからである。『独島を正しく知る』では、『三国史記』の「智証王十三年条」に依拠しながら、于山国の彊域が「地方一百里」であった事実や、于山国の彊域を「周回二万六千七百三十歩」とした『三国遺事』の記述は無視したのである。「地方一百里」と「周回二万六千七百三十歩」は、于山国には竹島が含まれていないことを示す、不都合な事実だからである。

『独島を正しく知る』は、その不都合な事実には触れず、『東国文献備考』（「蔚珍県」条）の分註（「欝陵と于山は皆于山国の領土である」）だけに依拠して、「于山国には欝陵島だけでなく于山島、すなわち今日の独島が含まれていた」としたのである。

これは『東国文献備考』（「輿地考」）の底本となった申景濬の『彊界誌』についても、文献批判をすべきだということである。では『東国文献備考』（「輿地考」）では何故、『東国輿地志』で「一説于山欝陵本一島」とされていた文言が、「欝陵・于山は皆な于山国の地。于山は則ち倭の所謂松島なり」と書き換えられることになったのか。

そこで次に、『東国文献備考』(「輿地考」)の底本となった申景濬の『疆界誌』と、『東国文献備考』(「輿地考」)の分註について検討することにする。

第三節　『東国文献備考』（「輿地考」）と申景濬の『疆界誌』

（1）『東国文献備考』（「輿地考」）

『東国文献備考』（「輿地考」）は、一七七〇年に編纂された政書（官撰地誌）の一種である。その『東国文献備考』（「輿地考」）が、申景濬の『疆界誌』（一七五六年成立）を底本としていた事実は、『英祖実録』（「英祖四十六年閏五月辛酉条」）に、「上（英祖のこと）、備考の成るは申景濬の疆域誌に基づくを以て、特に命じて加資す」とあることでも明らかである。

そこで『東国文献備考』（「輿地考」）の当該部分を、申景濬の『疆域誌』（以後、『疆界誌』）で確認すると、そこには次のような申景濬による按語が記されている。

愚按ずるに、輿地志云、一説于山欝陵本一島。而して、諸図志を考えるに、二島なり。一つは則ち、倭の所謂松島にして、けだし二島は倶にこれ于山国なり。

（私が考えるに、輿地志では「一説に于山島と欝陵島は本々同じ島」としている。だが諸々の地図や地志を見てみると、二島になっている。その一つは日本の所謂松島で、

おそらく于山島と欝陵島の二島はともに于山国の地であろう)

この按語から明かなことは、申景濬が柳馨遠の『東国輿地志』から引用していたのは「一説于山欝陵本一島」だけで、「而して」以下の部分は、申景濬の私見だということである。事実、柳馨遠の『東国輿地志』で確認すると、そこでは「一説于山欝陵本一島」(一説によると、于山島と欝陵島は同一の島である)としているだけで、「欝陵・于山は皆な于山国の地」とも、「于山は則ち倭の所謂松島なり」ともしていなかった。それが『東国文献備考』(「輿地考」)に引用された『東国輿地志』では、「欝陵・于山は皆な于山国の地。于山は則ち倭の所謂松島なり」とされ、于山島と欝陵島は別々の島にされていたのである。それに『東国文献備考』(「輿地考」)に引用された『東国輿地志』には、本来、記述されるはずのない「倭の所謂松島」の文言が記されている。この「倭の所謂松島」は、一六九六年に鳥取藩に密航し、帰還後、「松島は即ち于山だ」とした安龍福の供述に由来するからである。それが一六五六年に成立した『東国輿地志』に記載されているのは、不自然である。

では『東国文献備考』(「輿地考」)の分註にはなぜ、原典には存在するはずのない「倭の所謂松島」が加筆され、引用文が書き換えられたのか。その原因は、申景濬の按語にある。申景濬は、その按語で『東国輿地志』から「一説于山欝陵本一島」の一文を引用し、それに続いて、「しかし諸々の地図や地志を見てみると、二島になっている。その一つは、倭の所謂松島で、おそらく于山島と欝陵島の二島はともに于山国の地であろう」と、私見を書き込んでいた。

それが、後に述べるように、申景濬の『疆界誌』を底本として、『東国文献備考』(「輿地考」)が編纂される過程で、申景濬の私見が分註の中に竄入してしまったのである。だがこの『東国文献備考』(「輿地考」)の分註は、韓国側にとって于山島を「倭の所謂松島」とする唯一の文献であった。その唯一の論拠が『東国文献備考』(「輿地考」)の編纂の過程で改竄されていたとすれば、文献や古地図に描かれた于山島を竹島とする韓国側の論拠が瓦解し、韓国側には竹島の領有権を主張することのできる、歴史的権原がなかったことになるのである。

そのため韓国側では、『東国文献備考』(「輿地考」)の「分註改竄説」が出されると、『東国文献備考』とは別に、『萬機要覧』と『増補文献備考』を根拠に、于山島を竹島(独島)とする証拠としたのである。『独島を正しく知る』もその例に倣って、『萬機要覧』と『増補文献備考』に依拠して、于山島を竹島とする、根拠としたのである。

だが『萬機要覧』の記事は、『東国文献備考』(「輿地考」)からの引用文で、『増補文献備考』は、一九〇八年に『東国文献備考』を増補したものである。何れも于山島を今日の独島とする証拠能力はない。では何故、申景濬は『疆界誌』に按語を書き込むことになったのか。次に、申景濬の『疆界誌』とその底本となった李孟休の『春官志』との関係について述べることにする。

(2) 申景濬の『疆界誌』と李孟休の『春官志』

何度も繰り返すが、『東国文献備考』(「輿地考」)の「蔚珍県」条は、韓国側が、古文献や古地図に描かれた于山島を竹島とする唯一の文献であった。そこには「欝陵・于山は皆な于山国の地。于山は則ち倭の所謂松なり」とした分註があるからである。

だがその分註は、『疆界誌』の中で、申景濬が「諸図志を考えるに、二島なり。一つは則ち、倭の所謂松島にして、けだし二島は倶にこれ于山国なり」とした按語が基になっている。それもその按語には、一六九六年に安龍福が「松島は即ち于山だ」とした供述に由来する記述があり、それが『東国文献備考』(「輿地考」)の分註では、一六五六年に成立した『東国輿地志』からの引用文の一部にされたのである。

では何故、申景濬は、按語に「倭の所謂松島にして」と安龍福の供述に由来する文言を加筆したのだろうか。それは申景濬の『疆界誌』所収の「欝陵島」と「安龍福事」が、李孟休が英祖の命で編纂した『春官志』(一七四五年成立)の「欝陵島争界」を写していたからである。申景濬は、その李孟休が「欝陵島争界」で示した見解と異なる箇所に、自ら按語を書き込んでいたのである。

申景濬が按語で「一つは日本の所謂松島で、おそらく于山島と欝陵島の二島はともに于山国の地であろう」とした箇所は、李孟休の『春官志』では、于山島を欝陵島のこととして、次のように記述されていたのである。

蓋しこの島(欝陵島)、其の竹を産するを以ての故に竹島と謂い。三峯あるが故に三峯島と謂う。于山、羽陵、蔚陵、武陵、礒竹島に至りては、皆音号転訛して然るなり。

李孟休は、欝陵島について、竹を産するので竹島といい、三峯島とも称していたとし、于山島、羽陵島、蔚陵島、武陵島、礒竹島は音号が転訛したもので、何れも欝陵島のことだとしていた。申景濬は、于山島を欝陵島の別名とする李孟休の見解に異を唱え、それを按語で、「而して、諸図志を考えるに、二島なり」（しかし諸図志を見てみると二島である）として、自らの見解を書き込んだのである。

于山島を欝陵島とする李孟休に対して、申景濬が、于山島と欝陵島を二島と解釈したのには理由があった。欝陵島を描いた当時の地図では、確かに于山島と欝陵島は別々の島として描かれていたからである。そのため申景濬は、按語の中で、「而して、諸図志を考えるに、二島なり」としたのである。

その地図は一六九六年、鳥取藩に密航した安龍福が、鳥取藩主と交渉して、于山島と欝陵島を朝鮮領と認めさせたと供述したことにはじまる。安龍福の密航事件を機に、朝鮮政府では捜討使を欝陵島に派遣することになり、その際、捜討使達は欝陵島の地理的特徴を描いた『欝陵島図形』を作図して、欝陵島とその周辺の様子を復命した。その『欝陵島図形』の中で、後世の欝陵島地図に大きな影響を与えたのが、一七一一年に欝陵島を踏査した朴錫昌の『欝陵島図形』である。その『欝陵島図形』で、現在の竹嶼（チクショ）に「所謂于山島」と表記して以来、欝陵島の東側には于山島が描かれるようになったからである。

だが「所謂于山島」と表記された于山島は、現在の竹島（独島）ではなかった。その事実は一六九四年、官命で欝陵島を踏査した張漢相の『欝陵島事蹟』の記述で確認することができる。

張漢相の『欝陵島事蹟』では、欝陵島の「東方五里」(約二キロ・朝鮮の一里は約四〇〇m)には「海長竹」が叢生した小島があり、さらに欝陵島の「東方三百里」(約一二〇キロ)には、欝陵島の三分の一ほどの大きさの島があると復命している。『独島を正しく知る』では、その大きな島を現在の竹島(独島)のこととしているので、張漢相が欝陵島の東方五里(約二キロ)にあるとした小島が独島(竹島)でなかったことは自明である。

その張漢相の欝陵島踏査から十七年後、捜討使として欝陵島に赴いた朴錫昌も、『欝陵島図形』の中に「所謂于山島」と表記した小島を描き、その小島には「海長竹田」と付記している。

張漢相は欝陵島の「東方五里」(約二キロ)の小島には「海長竹」が叢生するとし、朴錫昌も『欝陵島図形』で、「所謂于山島」とした小島に「海長竹田」と付記した。ここで「海長竹田」とある田は、水田ではなく畑というほどの意味で、于山島には海長竹が群生していることを示している。朴錫昌が「所謂于山島」とした小島と、張漢相が欝陵島の「東方五里」(約二キロ)にあるとした小島は、同じ小島である。この小島を現在の欝陵島の属島に当てはめてみると、「海長竹」が叢生し、欝陵島の「東方五里」の条件と合致する小島は、竹嶼（チクショ）である。『欝陵島図形』で「所謂于山島」とされ、後に于山島と表記されることになるこの小島は、竹島（独島）ではなく、竹嶼だったのである。

安龍福の密航事件以後、朝鮮時代後期の欝陵島の地図には、欝陵島の東方に于山島と表記された小島が描かれるようになった。それは朴錫昌の『欝陵島図形』の後に作図された『海東地図』、『輿地図』、『広輿図』等でも、朴錫昌が「所謂于山島」と表記した小島には、「所謂于山島」とし、「于山島」とするようになったからである。

申景濬が『疆界誌』の按語で、「諸図志を考えるに、二島なり」とした理由はここにある。朴錫昌

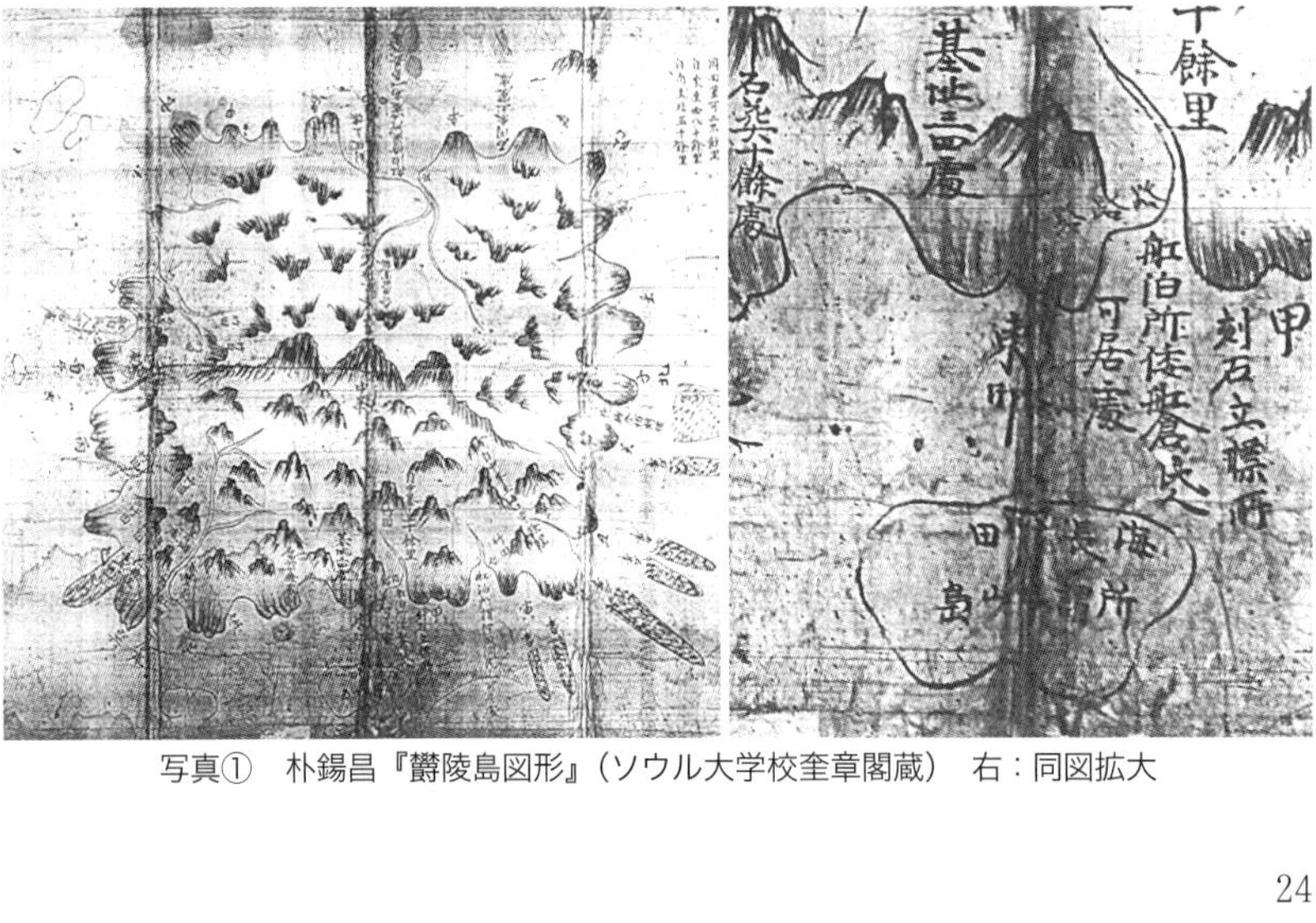

写真①　朴錫昌『欝陵島図形』（ソウル大学校奎章閣蔵）　右：同図拡大

の『欝陵島図形』以来、欝陵島には、その東側に于山島が描かれることになったからである。

　問題は、その于山島（竹嶼）を申景濬が「倭の所謂松島」と臆断したことにある。朴錫昌の『欝陵島図形』で「所謂于山島」とされた于山島には、松島（江戸時代の竹島の呼称）にはない海長竹が群生しており、朴錫昌の『欝陵島図形』に描かれた于山島が、「倭の所謂松島」でなかったことは明らかである。それを申景濬が竹嶼（チクショ）を「倭の所謂松島」としたのは、どのような理由からであろうか。

　それは成海応が『研経斎全集』の中で「安龍福傳、李孟休の著すところの春官志に載す」とするように、申景濬は李孟休の『春官志』（「欝陵島争界」）の記事をほぼそのまま写していたからである。申景濬はその『春官志』の「欝陵島争界」を『疆界誌』に写した際、「欝陵島」と「安龍福事」とに分けて記載している。

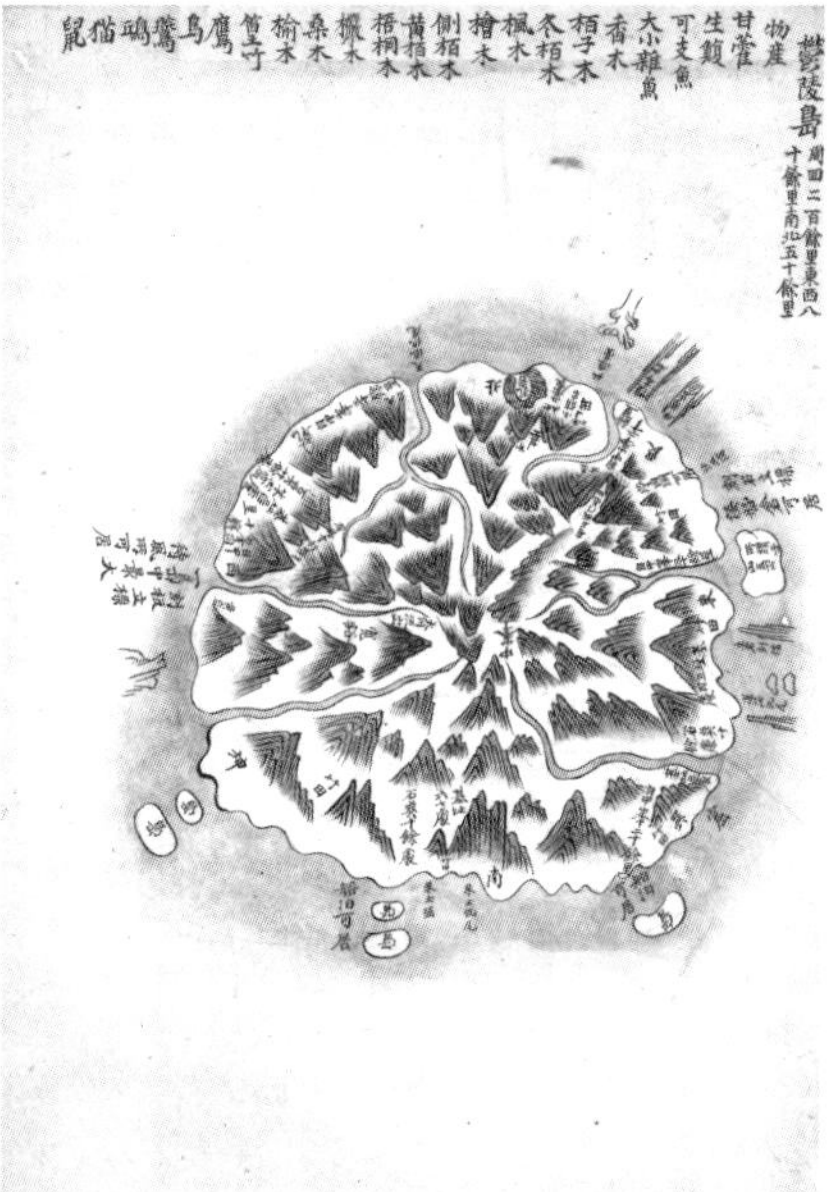

写真②　『海東地図』（李燦『韓国の古地図』所収）

その申景濬が、新たに「安龍福事」の項目を立てたのは、安龍福の事蹟に関心があったからである。それは李孟休の『春官志』(「欝陵島争界」)でも、鳥取藩に密航した安龍福が帰還後、「松島は即ち于山だ。これもまた我国の地である」とした供述が載せられ、安龍福を英雄とする記述がなされていたからである。そこで申景濬は、安龍福の供述に信を置き、『彊界誌』の按語では、「一つは則ち、倭の所謂松島にして、けだし二島は倶にこれ于山国なり」として、于山島を「倭の所謂松島」としたのである。

だが李孟休の『春官志』では、于山島を欝陵島の別称としていた。「松島は即ち于山だ」とした安龍福の供述に盲従した申景濬は、李孟休が欝陵島を于山島とした見解に異を唱え、按語を書き込んだのである。

しかし「松島は即ち于山だ。これもまた我国の地である」とした安龍福の供述は偽証で、安龍福のいう于山島は松島ではなかったのである。

一六九六年六月、安龍福が隠岐島に密航してきた際の顚末を記した『元禄九丙子年朝鮮舟着岸一巻之覚書』によると、安龍福は持参した朝鮮地図を根拠に、朝鮮の江原道には竹嶋(欝陵島)と松嶋(現在の竹島)が附属するとしていた。だが後述するように、その「朝鮮地図」は朴錫昌の『欝陵島図形』以前の地図で、そこに描かれた于山島は、松島(竹島）ではなくもう一つの欝陵島だったのである。

それを安龍福は帰還後、朝鮮側での取り調べに対して、「松島は即ち于山だ。これもまた我国の地である」と供述したのである。申景濬はその安龍福の供述を鵜呑みにして、『彊界誌』（「欝陵島」）の按語に、「一つは則ち、倭の所謂松島にして、けだし二島は倶にこれ于山国なり」と、私見を書き込んだのである。

その申景濬の私見は、『東国文献備考』（「輿地考」）が編纂される過程で、『東国輿地志』からの引用文のように書き換えられるのである。『東国文献備考』の編纂に関わった金致仁は、その経緯の一端を「景濬、草創して、啓禧、潤色す」（『承政院日記』英祖四十六年閏五月二日条）と伝えている。『彊界誌』（「欝陵島」）の按語は、編纂の際に洪啓禧の手によって潤色され、『東国輿地志』からの引用文にされてしまったのである。

于山島は、李孟休の『春官志』では、欝陵島のことであった。それが申景濬の『彊界誌』（「欝陵島」）を経て、『東国文献備考』（「輿地考」）では、「于山は則ち倭の所謂松島なり」と改竄されたのである。この事実は、『東国文献備考』（「輿地考」）の分註を唯一の論拠とし、文献や古地図にある于山島を独島と読み換えてきた韓国側にとっては、于山島を現在の竹島（独島）とする文献がなくなってしまった、ということである。独島は韓国領ではなかったのである。

では安龍福が「松島は即ち于山だ。これもまた我国の地である」と供述する以前の于山島は、どこの島を指していたのであろうか。

第四節　『世宗実録』「地理志」と『八道総図』の于山島

二〇一六年度版『独島を正しく知る』（「史料に現われた独島」）では、韓国側の文献に現われた于山島は、独島（竹島）だとしている。その理由について、「史料には欝陵島から于山島（独島）が見えると記録」されているとして、次のように述べている。

独島は、欝陵島と共に昔の記録や地図に記録されている。史料には欝陵島から于山島（独島）が見えると記録されており、古くから我々の先祖が独島を認知していたことがわかる。いつから我々の先祖は独島を認知していたのだろうか？（「考えを開く」）

ここで「独島は、欝陵島と共に昔の記録や地図に記録されている」とする文献は、『世宗実録』「地理志」と『新増東国輿地勝覧』（一四八一年に『東国輿地勝覧』として成立し、一五三〇年に増補されて『新増東国輿地勝覧』となる）に収録された「八道総図」である。いずれにも于山島に関する記述があり、「八道総図」には于山島が描かれているからである。

だが歴史的に見て、于山島には二つの于山島が存在しており、それを区別して論ずる必要がある。

一つは一六九六年に安龍福が「松島は即ち于山だ」と供述した于山島で、朴錫昌の『欝陵島図形』等では、それを欝陵島の東約二キロにある竹嶼のこととしている。もう一つは、『独島を正しく知る』が、「欝陵島から于山島（独島）が見えると記録」されているとする于山島で、それは『世宗実録』「地理志」の「蔚珍県」条にみえる于山島である。

韓国側では近年、その『世宗実録』「地理志」（「蔚珍県」条）に、于山島と武陵島（欝陵島）の二島が、蔚珍県の正東の海中に在って、「良く晴れた日には望み見ることができる」とあることから、その「望み見える」を欝陵島から独島が「見える」と解釈して、于山島を独島とすることになった。この傾向は、『東国文献備考』（「輿地考」）の分註（「于山は則ち倭の所謂松島なり」）の「改竄説」が出されてから、さらに強まった。竹島を占拠する韓国側としては、占拠の正当性を示す新たな論理の創出に迫られたからである。

その「改竄説」のはじまりは、一九九六年から九八年にかけ、韓国の『韓国論壇』誌上で国防大学教授の金柄烈氏と論争した際、拙稿「竹島が韓国領だとする根拠は歪曲している」（『韓国論壇』一九九六年五月号）と拙稿「証拠を示して実証せよ」（『韓国論壇』

一九九六年八月号）・拙稿「竹島問題の問題点」（『韓国論壇』一九九八年八月号）の中で言及し、「続竹島問題の課題」（『現代コリア』二〇〇五年七・八月号）等で指摘したことによる。

これに対して韓国側では、改竄という不都合な事実については反論せず、代わりに欝陵島から竹島（独島）が「見える」ことを強調して、「見える」ことが独島（竹島）を韓国領とする証拠とするようになった。そこで韓国の『東北アジア歴史財団』では、二〇〇八年七月から二〇〇九年十二月までの一年半をかけ、欝陵島で「独島可視日数調査」を実施した。その調査の結果、欝陵島からは五十六日、独島が見えたとしている。『東北アジア歴史財団』ではこの調査結果に基づいて、『世宗実録』「地理志」（「蔚珍県」条）の「望み見える」を欝陵島から竹島が「見える」と解釈し、独島は韓国領だとしたのである。

『独島を正しく知る』が独島を韓国領とする根拠は、『東北アジア歴史財団』の調査結果を基にして、欝陵島から竹島が「見える」という地理的与件であった。韓国側ではその地理的与件に依拠して、『世宗実録』「地理志」（「蔚珍県」条）の「見える」を、欝陵島から独島が見えると解釈し、「古くから我々の先祖が独島を認知していた」根拠としたのである。二〇一六年度版『独島を正しく知る』（「独島の位置と領域」）では、その「独島可視日数調査」を前提として、独島が韓国領である理由を次のように説明している。

我が国の欝陵島からは、晴れた日に肉眼で独島が見えるが、日本の隠岐島からは見えない。欝陵郡の石圃や道洞の独島展望台など、いくつもの場所から晴れた日には独島を観測することができる。欝陵島から独島が見えるという事実は重要である。欝陵島から独島が見えるため、欝陵島の住民たちは昔から独島に行って漁業活動を行っていた。これは、独島が欝陵島住民の生活圏域に含まれていたことを意味している。

（「独島が欝陵島から見えるという事実の重要性」）

ここでは「欝陵島からは、晴れた日に肉眼で独島が見える」ことが、「欝陵島の住民たちは昔から独島に行って漁業活動を行っていた」証拠にされ、「独島が欝陵島住民の生活圏域」に含まれていたことの証としている。だが「見える」だけでは、それが漁業活動を行っていた証にはできず、「独島が欝陵島住民の生活圏域」であった証明にもならない。それよりも韓国側が、欝陵島から独島が「見える」ことにこだわるのは何故なのだろうか。それは竹島問題が起こった一九五〇年代から、日本と韓国は、次の『世宗実録』「地理志」

（「蔚珍縣」条）の解釈を巡って争い、決着をつけることができなかったからである。

「于山・武陵二島、県の正東の海中に在り。〔分注〕二島相去ること遠からず。風日清明なれば則ち望み見るべし（二島はそれほど離れていない。良く晴れた日には望み見ることができる）

『独島を正しく知る』では、この分注を「二島は互いに遠く離れていないので、晴れた日には互いに見ることができる」と読み、その「見ることができる」を、欝陵島から于山島が「見える」と解釈している。

だが分注には、「互いに」と読ませる字句がないのである。『独島を正しく知る』では、分注にはない「互いに」を恣意的に補って、本文にある于山島と武陵島（欝陵島）を「互いに見ることができる」と読ませたのである。

一方、「互いに」を補わずに分注を解釈すると、「二島はそれほど離れていない。良く晴れた日には望み見ることができる」と、二つの文節で読むことができる。これだと「欝陵島と于山島がそれほど離れておらず、良く晴れた日には望み見ることができる」と解釈ができる。

しかし問題は、「良く晴れた日には望み見ることができる」は、何処から何処を見ているのか明確でないことだ。そこで韓国側は、『独島を正しく知る』が、「互いに見ることができる」と読んだように、「互いに」を補って欝陵島から于山島が見えると解釈して、欝陵島から見える島は、独島以外にないので、欝陵島から見える于山島は独島に違いない、と読んだのである。

これに対して日本側では、「望み見ることができる」を朝鮮半島から欝陵島が見えると解釈して、その于山島は、竹島とは関係がないとしたが、日韓双方の解釈には決定的な証拠がなく、平行線を辿っていた。

そこでその閉塞的状況を打開するため、外務省嘱託の川上健三氏は一九六六年、計算式によって、竹島を「島として認め得るためには二〇〇メートル以上のぼる必要がある」として、欝陵島の低地からは竹島は「見えない」と結論付けた。これには当然、韓国側も反論した。欝陵島からは実際に竹島が「見える」からで、川上氏の計算式には説得力がなかったのである。

その川上健三氏の計算式が再び脚光を浴びたのは、二〇〇五年三月、島根県議会が「竹島の日」条例を制定して竹島問題が再燃すると、韓国側では日本の竹島研究を批判する標的としたからである。そこで「東北アジア歴史財団」は、鬱陵島での「独島可視日数調査」を実施したのである。韓国側ではその結果を踏まえ、『世宗実録』「地理志」(「蔚珍県」条)の「見える」問題は、一件落着したと考えたようである。

そのため「東北アジア歴史財団」では、観測の成果を『独島!鬱陵島からは見える』(二〇一〇年刊)として出版し、以後、韓国側では「独島可視日数調査」の結果を根拠に、竹島(独島)を韓国領とすることになるのである。『独島を正しく知る』で、「我が国の鬱陵島からは、晴れた日に肉眼で独島が見えるが、日本の隠岐島からは見えない」。従って「鬱陵島から独島が見えるという事実は重要である」と強調する理由がここにある。

だが川上健三氏の計算式と鬱陵島での「独島可視日数調査」は、『世宗実録』「地理志」(「蔚珍縣」条)の分註を恣意的に解釈しただけで、文献批判とはほど遠かった。『世宗実録』「地理志」(一四五四年撰進)のような地志の場合、編纂の方針となる「規式」(編集方針)によって編纂されていたため、当然、それに沿った解釈の仕方があったからである。それに『世宗実録』「地理志」(「蔚珍県」条)の本文に、「于山武陵二島、縣の正東の海中に在り」とあって、その後に分註が続いていれば、于山島と武陵島に関連した記事が、分註の中にあるからだ。その分註の中から、于山島に関する記事を見つければ、于山島がどのような島であったのか、明らかにできるのである。

さらに『世宗実録』「地理志」の底本の一つとなった『慶尚道地理志』の序文では、慶尚道監司の河演淵が、「規式」に関して、「更ニ各道ヲシテ所上ノ規式ヲモッテ推覈移文セシム」と記している。地志編纂の際には、あらかじめ中央政府が定めた「規式」があり、各道ではそれに遵って調査した事項を「推覈」し、中央政府に「移文」することになっていたのである。

『慶尚道地理志』は『世宗実録』「地理志」の底本の一部となっているが、各道には慶尚道と同様に、地理志編纂に関する「規式」が示されていた。『慶尚道地理志』にはその「規式」が収録されており、島嶼の場合は、次の内容を記すことになっていた。

一、諸島陸地相去水路息数、及島中在前人民接居、農作有無開写事

島嶼の場合、「規式」では、「諸島は陸地相去る水路の息数」として、陸地からはどれほど離れているのか、その水路による息数（距離）を明らかにすることになっていた。その

「規式」に従って、『世宗実録』「地理志」の「風日清明なれば則ち望み見るべし」を解釈すると、よく晴れた日には、陸地の蔚珍県からその管轄する武陵島が「見える」と読むのである。

それは「風日清明なれば則ち望み見るべし」の中で、距離に関連する記述は、「見える」の他にはないからである。欝陵島は朝鮮半島から遠く離れているため、陸地から「見える」距離にある、としたのである。『独島を正しく知る』では、「見える」を欝陵島から独島が見えると解釈したが、それは「規式」の存在を無視した、恣意的解釈と言わねばならない。

朝鮮時代の朝鮮の社会体制は、中央集権的な郡県制であった。そのため地方には中央政府から官吏が派遣され、その行政単位である郡県を統治していた。その際、必要になったのが行政区域の情勢を記した地誌の存在である。『東国輿地勝覧』（一四八一年成立）を編纂した徐居正は、それを「戸を出でずして、視ること掌を指すがごとし」としている。『世宗実録』「地理志」はその需要に応じて編纂されたもので、その続撰として編輯されたのが『東国輿地勝覧』である。従って『東国輿地勝覧』が編纂される際にも、『地理誌続撰事目』という「規式」に準じて編集がなされていた。その『地理誌続撰事目』では、島嶼に関して、次のように記載することを求めたのである。

一、海島、在本邑某方、水路幾里。自陸地去本邑幾里。四面周回相距幾里。田畓幾結、民家有無。（海島、本邑の某方に在り。水路幾里。陸地より本邑を去ること幾里。四面の周回、相距ること幾里。田畓、幾結、民家の有無）

『東国輿地勝覧』の場合も、海島に関しては、管轄する官庁からどの方向にあって、水路でどれほどの距離にあり、陸地からどれほどの距離にあるのかを記すことになっていたのである。

この『地理誌続撰事目』と、『慶尚道地理志』に記された「規式」との間には、大きな違いはなかった。そのため『世宗実録』「地理志」の続撰として編纂され、現存する『新増東国輿地勝覧』（『東国輿地勝覧』を一五三〇年に増補）の「蔚珍県条」では、次のように記載されたのである。

「于山島、欝陵島〔分註〕二島は県の正東の海中に在り。三峯岌嶪として空を撐え、南峯やや卑（ひく）し。風日清明なれば則ち峯頭の樹木及び山根の沙渚歴々見るべし」

『世宗実録』「地理志」（「蔚珍縣」条）では、「望み見るべし」とだけ記されていたが、『新増東国輿地勝覧』（蔚珍県条）では、「見える」先の景観が記述されている。「風日清明」の時には、「峯頭の樹木及び山根の沙渚」が、歴々と「見える」のである。

もちろんこの「峯頭の樹木及び山根の沙渚」は、欝陵島から見た竹島（独島）の遠景ではない。岩礁に過ぎない竹島に、樹木は繁茂しておらず、沙渚も存在しないからだ。これは『地理誌続撰事目』（「自陸地去本邑幾里」）の規式に従って記述された、陸地から「見える」欝陵島の姿である。欝陵島は、鬱蒼とした樹木に蔽われていたからである。

この事実は、陸地から「水路幾里」と記さなければならなかった『世宗実録』「地理志」（「蔚珍県条」）の「見える」も、蔚珍県から欝陵島が「見える」、と読まなければならないということである。

その理解が正しいことは、『新増東国輿地勝覧』の続編となる『輿地図書』（一七五七年から一七六五年の間に成立）の記事が証左となる。『輿地図書』（「三陟府」条）の本文からは、『世宗実録』「地理志」にあった于山島が消えて欝陵島だけとなり、その「歴々見える」先には「峯頭の樹木及び山根の沙渚」があるからである。『輿地図書』の編者達も、

「歴々見える」を、陸地から欝陵島が「見える」と解釈していたのである。

これが十九世紀、地理の学問が進むと、金正浩の『大東地志』（「蔚珍県」条）では、分註の記述が的確になっている。『大東地志』（「蔚珍県条」）では、「欝陵島〔分註〕在本県正東海中（中略）、自本県天晴而登高望見則如雲気」と記しているからだ。この中で、「自本県天晴而登高望見則如雲気」（本県より、天晴れて、高きに登り、望み見れば則ち雲気の如し）は、蔚珍県からはよく晴れた日、高所に登って望み見れば、欝陵島は雲気のようだ、という意味である。

この金正浩の『大東地志』（「蔚珍県」条）は、『世宗実録』「地理志」や『新増東国輿地勝覧』の記事を踏襲して、その「見える」を陸地（蔚珍県）から、欝陵島が「見える」と読んだのである。

では『世宗実録』「地理志」（「蔚珍県条」）と『新増東国輿地勝覧』（「蔚珍県条」）の本文に載せられた于山島は、どこの島を指していたのであろうか。そのヒントは、『世宗実録』「地理志」（「蔚珍県条」）の分註の中にある。本文があり分註があれば、本文と関連した記事は分註の中にあるからだ。それが『世宗実録』「地理志」（「蔚珍県条」）の中の「太祖時聞流民逃入其島者甚多」と、『新増東国輿地勝覧』（「蔚珍県条」）の分註にある「太宗時聞流民逃入其島者甚多」である。

『世宗実録』「地理志」(「蔚珍県条」)の場合、「太宗時」とすべきところ「太祖時」と誤写しているが、これは『太宗実録』に由来する同一の記事である。

『太宗実録』の「十七年二月壬戌条」には、鬱陵島に派遣された鬱陵島按撫使の金麟雨が「于山島より還る」と復命し、その于山島には「戸凡そ十五口男女併せて八十六」が住んでいるとした記事がある。この時、鬱陵島に派遣された金麟雨が「于山島より還る」と復命したため、最初「鬱陵島按撫使」とされていた金麟雨は、それ以後、「鬱陵于山等処按撫使」とされるようになった。これは鬱陵島の他に、于山島という別の島が存在すると認識したからである。于山島には「戸凡そ十五口男女併せて八十六」が住み、鬱陵島にも同じく「十五家」(『太宗実録』十六年八月庚寅条)が入島していたのである。

しかし当時は、于山島と鬱陵島が同島異名か二島なのか、結論を下せなかった。そこで『新増東国輿地勝覧』(「蔚珍県条」)では「二島相去ること遠からず」とする一方で、分註では「一説于山鬱陵本一島」として後世の研究を俟ち、『世宗実録』「地理志」と同時代に編纂された『高麗史』(「地理志」)の「蔚珍県条」でも、本文では鬱陵島一島とし、分註では「一云、于山武陵本二島」(一つに云う、于山、武陵本二島)として、判断を避けたのである。

　そのため『新増東国輿地勝覧』の「八道総図」では、朝鮮半島と欝陵島の間に、欝陵島の三分の二ほどの大きさの于山島を描いたが、当然、その于山島は実在しない島であった。そのため韓百謙は『東国地理誌』（一六一四年成立）で欝陵島を于山島とし、李孟休も『春官志』（「欝陵島争界」）で、于山島を欝陵島の同島異名としたのである。

　一六九六年、鳥取藩に密航した安龍福は、その「八道総図」に由来する地図を持参し、そこに描か

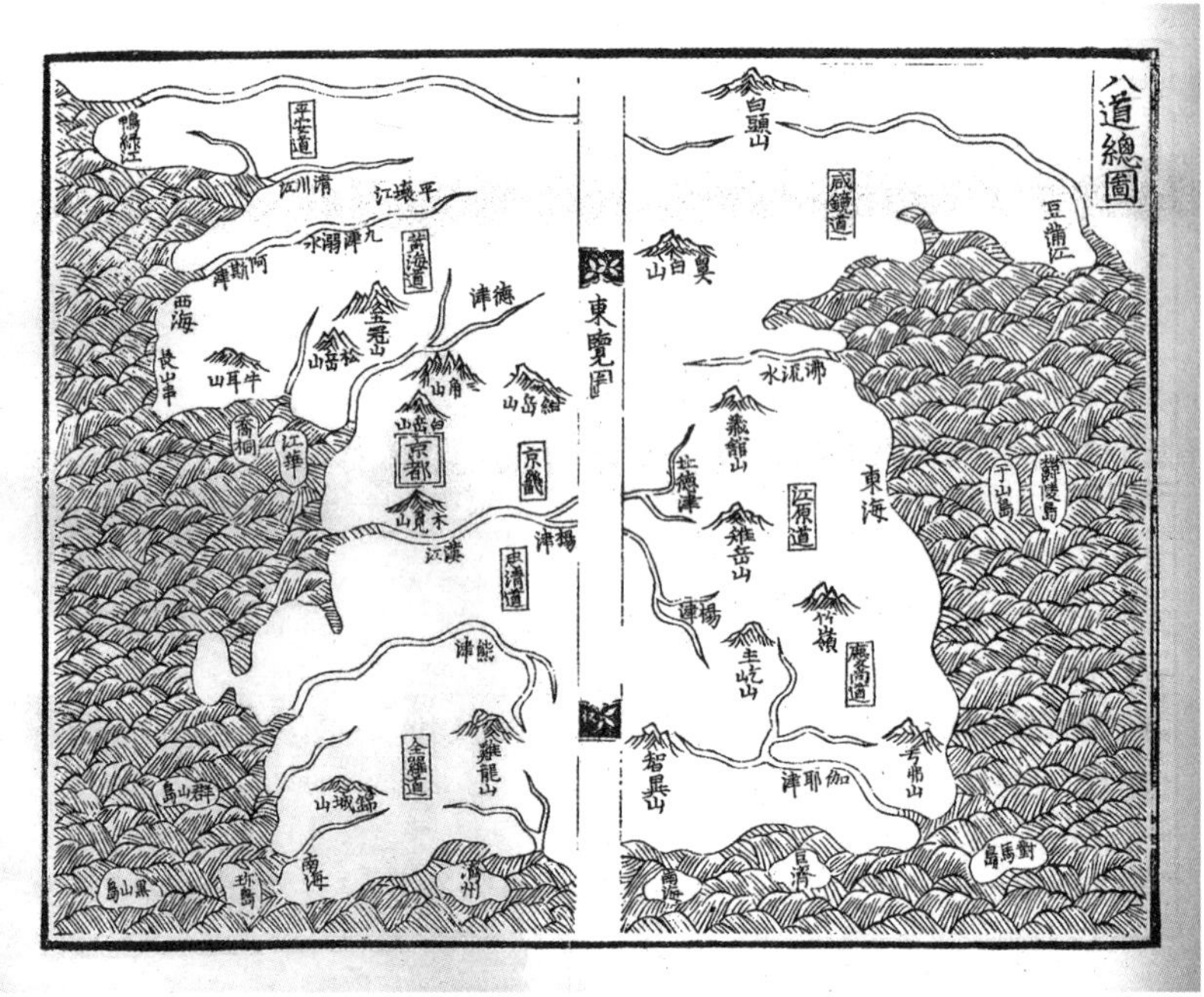

写真③　『八道総図』（『新増東国輿地勝覧』所収）

れた于山島を「松島」としたのである。そのため既に述べたように、その供述が後世に伝えられ、『東国文献備考』では「于山は則ち倭の所謂松島なり」とされてしまったのである。

だが『輿地図書』と金正浩の『大東地志』(「蔚珍県」条)からは、『世宗実録』「地理志」(「蔚珍県条」)と『新増東国輿地勝覧』(「蔚珍県条」)に由来する于山島は削除された。安龍福の密航事件を機に、朴錫昌が描かせた「欝陵島図形」によって、「所謂于山島」とされた于山島は、欝陵島の「東方五里」にある竹嶼のこととされたからである。

それを『独島を正しく知る』では、竹島問題について、冒頭から次のように説明していたのである。

「独島は欝陵島と一緒に、昔の記録や地図にともに出てくる。史料に、欝陵島から于山島(独島)が見えると記録されていて、昔から我々の先祖達が独島を認知していたことが分かる。我々の先祖達は、いつから独島を認知していたのか?安龍福は、日本に二度渡って、独島が我国の領土であると主張した人物である。彼は危険を冒して、日本に再び行った理由は何なのか?」

だが『独島を正しく知る』が解説したような、「独島は欝陵島と一緒に、昔の記録や地図にともに出てくる」事実はなく、「史料に、欝陵島から于山島（独島）が見えると記録」された文献もなかった。『独島を正しく知る』が論拠とした『世宗実録』「地理志」の「蔚珍県条」の「見える」は、その「規式」に遵って陸地から欝陵島が「見える」、と解釈しなければならないからである。従って「昔から我々の先祖達が独島を認知していた」ことを示す文献は、『独島を正しく知る』が参考として挙げた文献の中にはなかったのである。

だが「安龍福は、日本に二度」渡った記録は残されている。しかし安龍福が供述したように、鳥取藩の藩主と交渉して、欝陵島と独島（竹島）を朝鮮領とした事実はなかった。それは安龍福の密航の顛末を記した『因幡国江朝鮮人致渡海候付豊後守様へ御伺被成候次第并御返答之趣其外始終之覚書』（東北アジア歴史財団編『欝陵島・独島日本史料集Ⅰ』所収、二〇一二年刊）の中で、鳥取藩は、江戸幕府の指示に従って、安龍福を追放していたからである。『独島を正しく知る』では、事実と異なる歴史を教えているのである。

第五節　長久保赤水の『改正日本輿地路程全図』と林子平の『三国通覧輿地路程全図』

（1）長久保赤水の『改正日本輿地路程全図』

二〇一六年度版『独島を正しく知る』（「Ⅱ前近代の独島」）では、日本側の古地図も、「竹島は韓国領である」としているとして、長久保赤水の『改正日本輿地路程全図』と林子平の『三国通覧輿地路程全図』を挙げ、その理由を次のように説明している。

「欝陵島と独島を表記した日本の古地図は、大部分欝陵島と独島を日本の領域の外に表記している。独島は朝鮮本土と同じ色で彩色され、朝鮮の近くに描かれているのが大部分だ」（「地図に現われた独島」）

『独島を正しく知る』によると、日本側の古地図でも、「独島は朝鮮本土と同じ色で彩色され、朝鮮の近くに描かれているのが大部分」で、それは独島を韓国領としていた証拠だというのである。その証拠とされているのが、長久保赤水の『改正日本輿地路程全図』と林子平の『三国通覧輿地路程全図』である。

『改正日本輿地路程全図』の場合は、「竹島（欝陵島）、松島（独島）の二島が朝鮮本土と共に彩色されない状態で描かれていて、日本の領域の外の島としている」のだという。そしてその理由を、『独島を正しく知る』は次のように説明している。

「『改正日本輿地路程全図』で、竹島の横に「見高麗猶雲州望隠州」とした文言は、日本の西北の境界を隠岐島と記録した『隠州視聴合紀』の内容を二島の横にそのまま書いたもので、二島が朝鮮の領土であることを分明にしている」

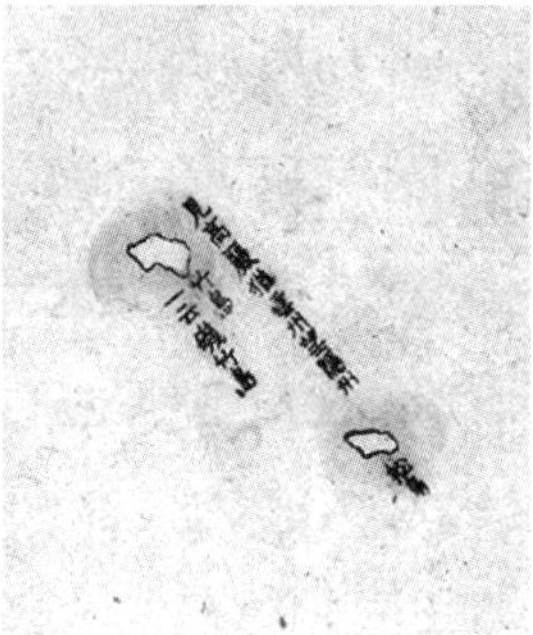

写真④　長久保赤水『改正日本輿地路程全図』部分（個人蔵）

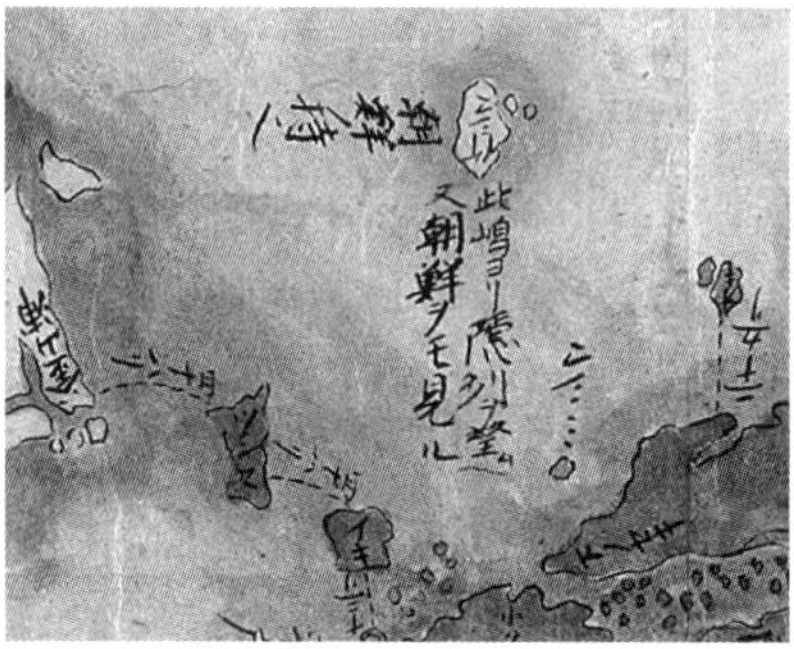

写真⑤　林子平『三国通覧輿地路程全図』部分（個人蔵）

確かに長久保赤水の『改正日本輿地路程全図』を見ると、竹島（欝陵島）の横には『隠州視聴合紀』（「国代記」）の文章に由来する「見高麗猶雲州望隠州」とした付記がある。

だがその付記の存在が、そのまま「二島が朝鮮の領土であることを分明にしている」ことにはならない。付記には「見高麗猶雲州望隠州」と記されているので、「高麗（朝鮮）が見えるのは、雲州から隠岐を望見るようなものだ」と解釈ができるからだ。これを文字通り解釈すれば、朝鮮を見ている場所（欝陵島）は当然、日本領となる。それに隠岐島からは、朝鮮は見えないからだ。この「高麗が見える」とした付記は、かえって竹島（欝陵島）を日本領と理解していた証となる。それが何故、「日本の西北の境界を隠岐島と記録した『隠州視聴合紀』の内容を二島の横にそのまま書いたもの」とされてしまうのだろうか。

それに『改正日本輿地路程全図』を作成した長久保赤水自身は、二島を日本領として認識していたからである。江戸幕府は一六九六年に欝陵島への渡海を禁じ、欝陵島を朝鮮領としたが、その決定に不審を抱く者がいた。青木昆陽は、『草廬雑談』で「竹嶋ハ古ヨリ我国ノ嶋ニキワマリタリ」とし、「竹嶋ヲ朝鮮ヘアタヘ給トカヤ」、「有司ノ過チナランカ」とした。長久保赤水もまた竹島（欝陵島）と松島（竹島）を日本領とした一人であった。その事実は、水戸藩が編纂した『大日本史』の「地理志」で確認ができる。水戸藩士の長久保赤水は『大日本史』の編纂に参画しており、「地理志」を担当した。長久保赤水はその「地理志」の「隠岐国」条で、「すでに竹島と曰ひ、松島と曰ふ。我が版図たること、智者を待たずして知れるなり」として、竹島（欝陵島）と松島（竹島）を「我が版図」としているからだ。

『改正日本輿地路程全図』で、長久保赤水が『隠州視聴合紀』の「見高麗、如自雲州望隠岐」を「見高麗猶雲州望隠州」と付記したのは、竹島（欝陵島）と松島（現在の竹島）を日本領と認識していたからである。その『改正日本輿地路程全図』に、『隠州視聴合紀』の「高麗を見ること雲州より隠州を望むが如し」を「見高麗猶雲州望隠州」と付記していれば、齋藤豊仙もまた欝陵島を、日本の西北限としていたと、解釈しなければならない。

齋藤豊仙は『隠州視聴合紀』の「国代記」で、隠岐島の地理的な位置を説明するため、隠岐島の西郷を基点に、その四方の延長線上にある地域を記していた。その中で、「高麗を見ること雲州より隠州を望むが如し」は、欝陵島に付けられた説明文の一部である。齋藤豊仙はその「国代記」の前半の部分で、隠岐島の南は「雲州美保関に至ること三十五里」。辰巳（東南）の方、「伯州赤崎浦に至ること四十里」等として、欝陵島と松島に関しては、次のように記述していたのである。

「戌亥（西北）の間、行くこと二日一夜にして松嶋あり。又一日の程に竹嶋あり。此の二島、人無きの地、高麗を見ること雲州より隠州を望むが如し。然れば則ち、日本の乾（西北）の地、此州を以て限りとなす」

ここで齋藤豊仙は、隠岐島の西北には「松嶋」と「竹嶋」があり、そこからは「高麗を見ること雲州より隠州を望むが如」く、朝鮮が見える。そのため朝鮮が見えるこの島は、日本の西北限の地としたのである。

それを『独島を正しく知る』では、「此州」を隠岐島のことと解釈して、『隠州視聴合紀』の「高麗を見ること雲州より隠州を望むが如し」を付記した『改正日本輿地路程全図』を、「欝陵島と独島を日本の領域の外に表記」した古地図としたのである。

しかし長久保赤水が欝陵島の近くに「見高麗猶雲州望隠州」と付記したのは、竹嶋（欝陵島）と松嶋（竹島）を「我が版図」として、認識していたからである。それが『独島を正しく知る』ではなぜ、長久保赤水の付記が、「二島が朝鮮の領土であることを分明にしている」とされるのだろうか。

それは「此州」を「隠岐島」とした名古屋大学の池内敏氏の論理に依拠して、竹嶋（欝陵島）を日本領ではないとしたからである。

その池内敏氏の論理は、『隠州視聴合紀』の「元谷村」条に「隠州ハ戌亥（西北）ノ極地」とあることから、それを根拠に、「国代記」の「日本の乾（西北）の地、此州を以て限りとなす」の「此州」も、「戌亥（西北）ノ極地」である隠岐島だとしたのである。

だがこれは為にする論議である。齋藤豊仙が「国代記」で、「日本の乾（西北）の地、此州を以て限りとなす」としたのは、隠岐島を基点に、その西北方面にある「此州」を北西の限りとしていたはずである。これに対して、池内敏氏が根拠とした「隠州ハ戌亥（西北）ノ極地」は、日本の本土から見て、隠岐島を「戌亥ノ極地」としていたのである。「日本の乾（西北）之地」と「隠州ハ戌亥（西北）ノ極地」は一見同じように見えるが、その基点が隠岐島と日本の本土とで違っていれば、その先にある「此州」もまた当然、異なるのである。「此州」を「隠岐島」としたのは、池内敏氏の奇弁である。隠岐島を基点として、そこから朝鮮が見え、「日本の乾（西北）之地」の「限りとなす」といえるのは、隠岐島の北西に位置する欝陵島だけだからである。

それに此州の「州」は、隠州の「州」ではない。漢文の表現では、島を州とも表記するからだ。安龍福の密航事件以後、朝鮮では安龍福を「英雄」とする動きが起こるが、『春官志』を編纂した李孟休の父である李瀷は、安龍福を評して「累世の争いを息め、一州の土を復す」(『星湖僿説』(「欝陵島」条)とした。この「一州」は、欝陵島のことである。
齋藤豊仙が「高麗を見ること雲州より隠州を望むが如し、然れば則ち日本の乾の地、此州を以て限りとなす」(朝鮮を見ることは出雲より隠岐を見るようだ、そうであるから日本の西北の地は、この州を境界とする)とした時、「此州を以て限り」とした根拠は、朝鮮が見えることであった。朝鮮が見える島は欝陵島であって、池内敏氏の言う隠岐島ではない。

『独島を正しく知る』が、『隠州視聴合紀』は、「日本の文献中、独島に関して記述された最初の記録で、日本の西北の境界を隠岐島と記述している」としたのは、「此州」を隠岐島と曲解した池内敏氏の主張を奇貨としたからである。

『改正日本輿地路程全図』に長久保赤水が竹島(欝陵島)と松島(竹島)を描き、欝陵島の横に「見高麗猶雲州望隠州」と付記したのは、長久保赤水もまた欝陵島と松島(竹島)を「我が版図」と認識していたからである。『改正日本輿地路程全図』の竹島(欝陵島)と松島(竹島)に、彩色がなされているかどうかを問題とし、「日本の領域の外の島としている」とするのは、文献批判を怠った読図だからである。

『独島を正しく知る』をはじめ、韓国側の竹島研究には、文献批判を怠り、文献を恣意的に解釈する傾向がある。この現象は、次に述べる林子平の『三国通覧輿地路程全図』にも見られる。林子平は、長久保赤水が『改正日本輿地路程全図』で「見高麗猶雲州望隠州」と付記した竹嶋に、新たに「朝鮮ノ持也」と加筆していたからだ。そのため韓国側では、「朝鮮ノ持也」の付記がついた林子平の『三国通覧輿地路程全図』を根拠に、「欝陵島と独島を表記した日本の古地図は、大部分欝陵島と独島を日本の領域の外に表記している」と主張するのである。ではその「朝鮮ノ持也」とは、どこの島を指していたのだろうか。

(2) 林子平の『三国通覧輿地路程全図』

『独島を正しく知る』では、林子平の『三国通覧輿地路程全図』について、次のような説明をしている。

日本の林子平が著述した『三国通覧図説』の中にある五枚の附属地図の中の一つである。この地図の東海部分には、竹島(欝陵島)とその右側に名前のない島一つが、朝鮮本土と同じ黄色で描かれ、「朝鮮ノ持也」と明記されている。日本は緑色で彩色されている。

この解説文で、「『三国通覧図説』の中にある五枚の附属地図の中の一つ」とされた地図が、林子平の『三国通覧輿地路程全図』である。『独島を正しく知る』では、その『三国通覧輿地路程全図』の東海（日本海）部分に、朝鮮半島と同じ黄色で彩色された欝陵島と小島が一つ欝陵島の右上に描かれ、欝陵島には「朝鮮ノ持也」と明記されているため、『三国通覧輿地路程全図』は、日本側が欝陵島と小島を朝鮮領とした証拠だとしたのである。

この『三国通覧輿地路程全図』は、蝦夷の地にロシアが接近し、海防意識が高まる中で、有事の際、日本と接壌する地域との地理的関係を示した地図が不可欠とした林子平によって作図された。そこで林子平は、「今新たに本邦を中にして朝鮮、琉球、蝦夷及び小笠原嶋等の図を明すこと小子微意あり」として、長久保赤水の『改正日本輿地路程全図』を中心にして、そこに『朝鮮国之図』（『朝鮮八道之図』）、『琉球国之図』、『蝦夷国之図』、『無人島之図』等の地図を繋ぎ合わせ、作図したのが『三国通覧輿地路程全図』である。この時に使われた五枚の地図は、いずれも『三国通覧図説』に収録されている。

この林子平の『三国通覧輿地路程全図』に韓国側が注目したのは、竹島（欝陵島）に「朝鮮ノ持也」とした付記がなされ、その欝陵島の右上に小島が一つ描かれているからである。韓国側の一部では、欝陵島の右上にある小島を現在の竹島とし、そこに「朝鮮ノ持也」とした付記があることから、これは竹島を韓国領とした日本の古地図だとするのである。

だが林子平の『三国通覧輿地路程全図』では、はじめから長久保赤水の『改正日本輿地路程全図』に描かれていた松島（現在の竹島）を、描いていなかったのである。

長久保赤水は『改正日本輿地路程全図』を作図する際に、齋藤豊仙の『隠州視聴合紀』を基に欝陵島と竹島を描いていた。『隠州視聴合紀』の「国代記」には、「戌亥の間、行くこと二日一夜にして松嶋あり。又一日程の竹嶋あり」とあることから、長久保赤水はその記述に従って、隠岐島の「戌亥の間」（西北の方向）に、目測で「二日一夜」の松島（竹島）と、そこから「一日程」にある竹島（欝陵島）を、間隔を空けて描いた。

だが林子平は、その『改正日本輿地路程全図』を中心に置き、『三国通覧輿地路程全図』を作図したが、松島（現在の竹島）は描かなかったのである。その事実は、『三国通覧輿地路程全図』が完成する三年前、林子平が試作した『日本遠近外国之図』（仙台市立博物館蔵）で確認ができる。『日本遠近外国之図』には「竹シマ」と表記された竹島（欝陵島）が一島だけ描かれ、そこに「朝鮮ノ持」の付記があるからだ。これは一六九六年一月、江戸幕府が欝陵島への渡海を禁じたからである。
それに『改正日本輿地路程全図』に描かれていた欝陵島は一島であったが、林子平の『三国通覧輿地路程全図』に描かれた欝陵島には、その右上に新たに小島が一島、描かれている。これは『日本遠近外国之図』から『三国通覧輿地路程全図』を完成する過程で、林子平が欝陵島の右上に小島が描かれた欝陵島図を目睹したからであろう。

それは林子平自身、『三国通覧図説』の中で、「朝鮮の図は朝鮮大象胥の伝る所のもの。崎陽人楢林氏秘蔵の珍図あり」としており、朝鮮関係では二種の地図を使ったとしているからだ。それが「朝鮮の図」と「楢林氏秘蔵の珍図」で、その内、「朝鮮の図は朝鮮大象胥（通詞）の伝る所のもの」とした地図は、『三国通覧図説』に収録された『朝鮮国之図』（「朝鮮八道之図」）である。林子平は『日本遠近外国之図』の識語でも、「朝ノ全図ハ対州大象胥ノ伝ル所也」としているので、『三国通覧輿地路程全図』の「朝鮮の図」は、『三国通覧図説』に収録された『朝鮮国之図』（「朝鮮八道之図」）とすることができる。

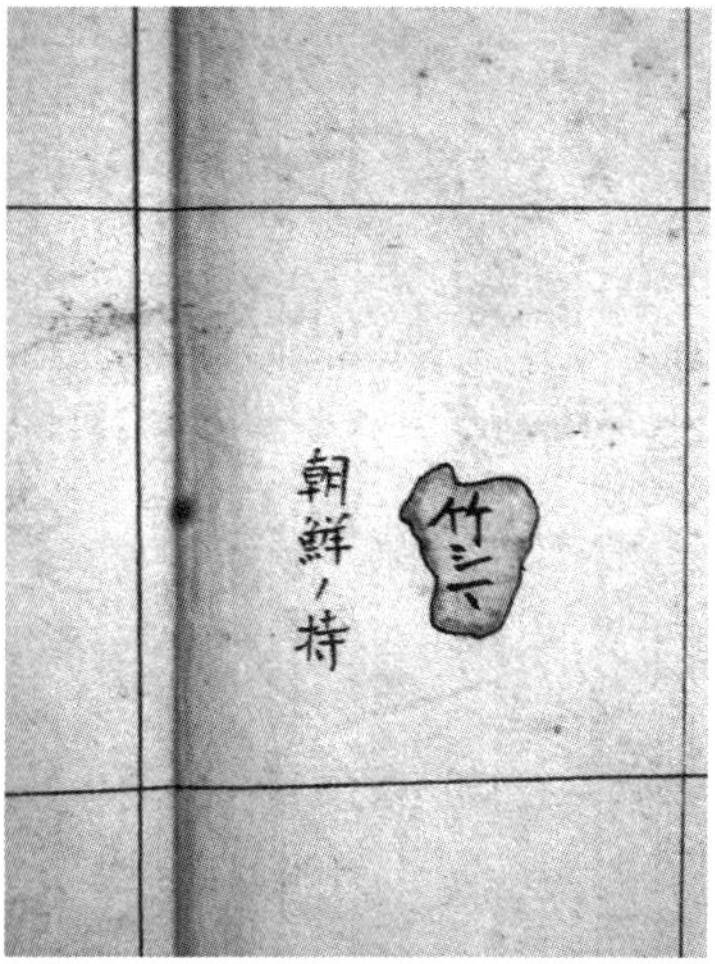

写真⑥　林子平『日本遠近外国之図』部分（仙台市立博物館蔵）

すると『三国通覧輿地路程全図』の欝陵島に小島が描かれることになったのは、『三国通覧図説』の中で、「崎陽人楢林氏秘蔵の珍図あり」とした楢林氏所蔵の「珍図」によるものと考えてよいであろう。

それは安龍福の事件を機に、朝鮮では三年に一度、欝陵島に捜討使が派遣されることになり、欝陵島の図形が『欝陵島図形』として描かれることになったからである。その代表的な『欝陵島図形』が、前にも述べた朴錫昌の『欝陵島図形』で、そこには欝陵島の東方二キロほどに「所謂于山島」と表記した小島が描かれていた。その『欝陵島図形』は、後の欝陵島地図に踏襲され、『海東地図』、『輿地図』、『広輿図』等でも、朴錫昌が「所謂于山島」と表記した小島に「于山島」とし、「所謂于山島」として、欝陵島の右上または右側に、一島の小島を描くようになったのである。その小島は、現在の「竹嶼」である。

林子平が『三国通覧図説』の中で「崎陽人楢林氏秘蔵の珍図」とした珍図は、この『欝陵島図形』の系統を引く欝陵島の地図とみてよいであろう。

それは林子平自身、『日本遠近外国之図』では最初から竹島（独島）を描いておらず、その『日本遠近外国之図』を基に作図した『三国通覧輿地路程全図』で変化があったのは、欝陵島だけだからである。これは林子平が『三国通覧輿地路程全図』を作図する際に、より正確な鬱陵島地図を入手したからである。

林子平が長崎に留学していた時には、すでに朴錫昌の『鬱陵島図形』を基にして、鬱陵島の右側または右上に小島を描いた鬱陵島地図が存在していた。それが「崎陽人楢林氏秘蔵の珍図あり」とした楢林氏所蔵の「珍図」だったのであろう。

ここで重要なことは、林子平は、『日本遠近外国之図』と『三国通覧輿地路程全図』では、はじめから現在の竹島を描いていなかった事実である。それに林子平が小島を描いた場所は、「朝鮮ノ持也」とした鬱陵島の右上だからである。その小島を現在の竹島とするのは、『日本遠近外国之図』の存在を無視した『三国通覧輿地路程全図』の恣意的解釈である。

第六節　太政官指令と「竹島外一島」

二〇一六年度版『独島を正しく知る』の「Ⅲ近現代の独島」では、「独島を朝鮮の領土と認めた太政官指令」として、一八七七年三月二十九日、太政官が「伺之趣竹島外一島之儀本邦関係無之儀ト可相心得事」（伺いを受けた竹島と外一島の件は、本邦とは関係がないと心得よ）とした太政官指令を根拠に、日本政府は「独島を朝鮮の領土と認めた」としている。

これは明治九年（一八七六年）十月五日、明治政府の地理寮から島根県の地籍編製係に対して、竹島（鬱陵島）に関する旧記古図等を提出するよう照会がなされたことが始まりである。これに対して島根県は十月十六日、「日本海内竹島外一島地籍編纂方伺」と「礒竹島略図」を内務卿大久保利通宛に提出した。内務省ではこれをさらに太政官の判断を仰ぎ、その太政官が下した結論が「竹島外一島之儀本邦関係無之」であった。

それを韓国側では、日露戦争の最中の一九〇五年、一度、太政官指令で日本領でないとした外一島（松島）を「無主の地」として「先占」し、日本領に編入したとして、問題にしたのである。そこで『独島を正しく知る』では、その問題点と、太政官が竹島を韓国領とした経緯について、次のように教えている。

内務省は島根県が提出した記録とそれから十七世紀末、朝鮮と交換した文書等、欝陵島・独島関係の資料を五ヶ月にわたって調査・検討した後、二つの島は日本の領土ではないと結論を下したが、領土に関する重大な決定として太政官が最終決定を下すよう要請した。これに太政官は一八七七年三月二十九日、「竹島外一島に関する件本邦（日本）と関係がないことを心得よ」という指令を下達した。この指令は日本政府が独島を日本の領土ではないと認めた公式文書である。

日本の一部の学者達は太政官のこの指令にある「竹島外一島」の一島は独島ではないと主張する。だが「磯竹島略図」で礒竹島の外一島が、松島と表記されており、一島が松島即ち独島であることは分明である。

ここで『独島を正しく知る』が「竹島外一島」の「一島が松島即ち独島である」としている根拠は、「太政官指令」と島根県が提出した「磯竹島略図」である。確かに文献批判もせずに文字通り解釈すれば、「竹島外一島之儀本邦関係無之」とした「竹島外一島」は、

「磯竹島略図」に描かれた磯竹島（欝陵島）と松島（現在の竹島）のこととなる。だがその前に、太政官が「竹島外一島」と認識した島嶼が、「磯竹島略図」に描かれた島嶼と同じだったのかどうか、文献批判をしておかねばならない。

それは明治三十八年（一九〇五年）、竹島が新島として島根県に編入される際、隠岐島司の東文輔が、その新島に竹島と命名する理由を、次のように述べているからである。

　欝陵島ヲ竹島ト通称スルモ、其実ハ松島ニシテ、海図ニ依ルモ瞭然タル次第ニ有之候。左スレハ此新島ヲ措テ他ニ竹島ニ該当スヘキモノ無之。依テ従来誤称シタル名称ヲ転用シ、竹島ノ通称ヲ新島ニ冠セシメ候方可然ト存候

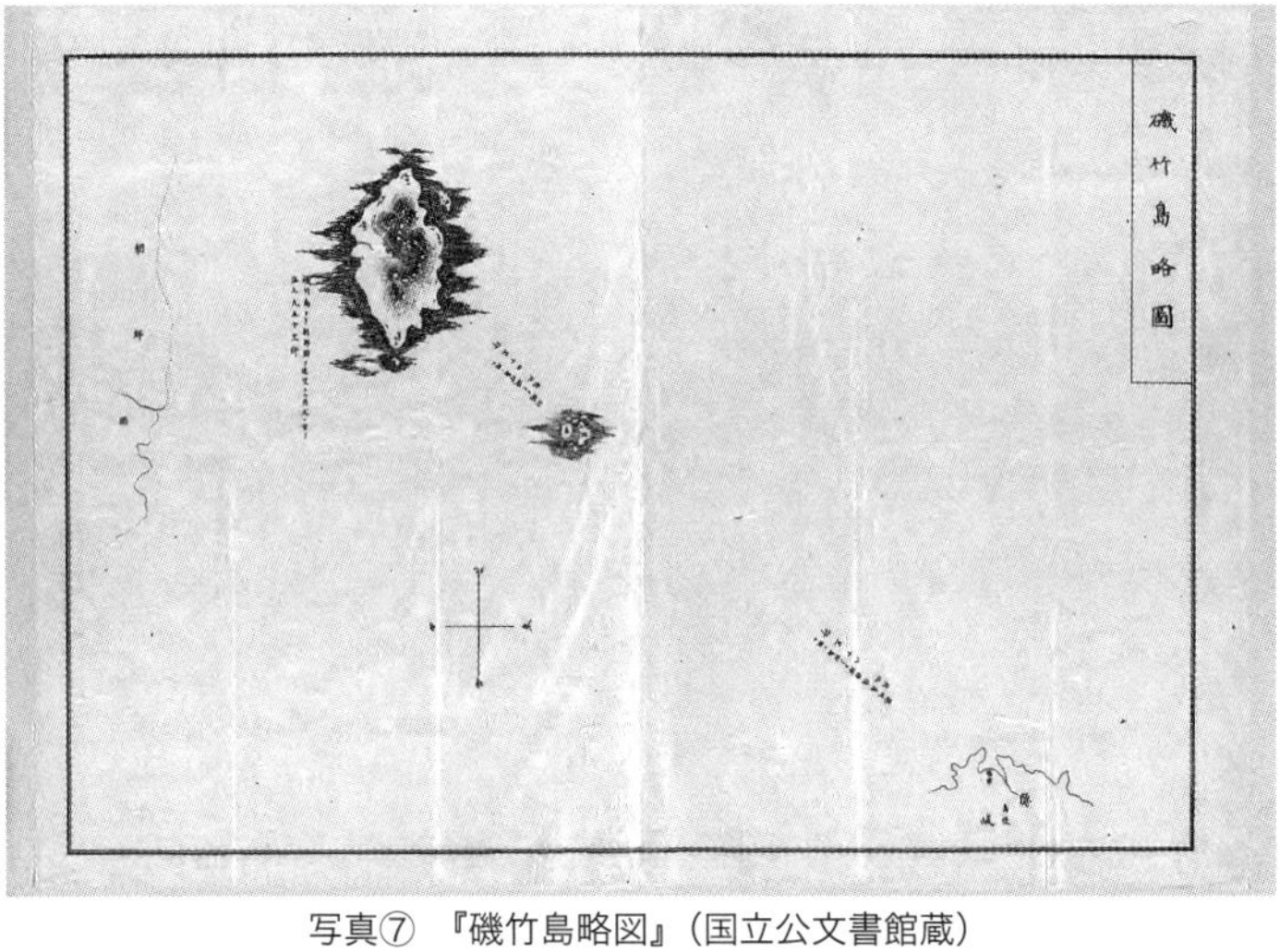

写真⑦　『磯竹島略図』（国立公文書館蔵）

隠岐島司の東文輔は、新島には本来の松島の名を冠すべきだが、すでに海図等では欝陵島が「松島」として表記されている。新たに編入される島には、欝陵島の呼称であった竹島を使うべきだ、と答えているのである。

隠岐島司の東文輔によると、本来、欝陵島の通称は竹島であったが、海図などでは欝陵島が松島と表記されているというのである。それは東文輔が「欝陵島ヲ竹島ト通称スルモ、其実ハ松島ニシテ」と述べているように、シーボルトが『日本全図』(一八四〇年)で、アルゴノート島を竹島とし、ダジュレート島を松島とした時には、欝陵島は松島と表記されていたからである。

日本に滞在していたシーボルトは、帰国に際して日本の地図なども持ち出していた。シーボルトはそれらを基に『日本全図』を作成するが、松島の位置を「北緯三七度二五分・東経一三〇度五六分」としている。この経緯度に該当するのは、現在の欝陵島で、東経一三一度五五分とされる現在の竹島ではない。またシーボルトの『日本全図』では、竹島とされたアルゴノート島の経緯度を「北緯三七度五二分・東経一二九度二〇分」としているが、この場所に島嶼は存在しない。シーボルトは、竹島の呼称であった松島を、欝陵島（ダジュレート島）に付けていたのである。

この事実は、太政官が「竹島外一島之儀本邦関係無之儀ト可相心得事」とした際、西洋伝来の地図や海図を参考にしていれば、「竹島外一島」は、島根県が提出した「磯竹島略図」に描かれた竹島（欝陵島）と松島（竹島）とは違って、アルゴノート島（竹島）とダジュレート島（欝陵島）であったことになる。

それにシーボルトが竹島と表記したアルゴノート島は、韓国の李鎮明教授の改定増補版『独島、地理上の再発見』（二〇〇五年刊）に収録された英国海軍海図『日本―日本、九州、四国及び韓国の一部』（一八六三年版）では、竹島が破線で描かれ、「竹島或はアルゴノート島」とした後に続いて、ＰＤと表記されている。このＰＤ（Position Doubtful）は所在不明の意味で、その存在が確認できなかったのである。その竹島（アルゴノート島）は、英国海軍海図『日本―日本、九州、四国及び韓国の一部』（一八七六年版）では削除され、松島（欝陵島）とリアンクール列岩（現在の竹島）が描かれている。これは一八四九年に、フランスの捕鯨船リアンクール号が現在の竹島を発見し、それがリアンクール列岩として海図及び地図に描かれたからである。

事実、「太政官指令」が下される前年（一八七六年）三月、日本の海軍省水路局製図課長心得の大後秀勝が製図した『大日本海陸全図聯接朝鮮全国並樺太』（以下、『大日本海陸全図』）では、「松島」（欝陵島）と「ヲリウツ瀬」（西島）・「メ子ライ瀬」（東島）と表記された現在の竹島が描かれ、アルゴノート島（竹島）は描かれていない。

さらに明治九年（一八七六年）十二月、日本海軍の水路局からは『朝鮮東海岸図』が刊行されている。この『朝鮮東海岸図』では、欝陵島には松島と表記し、現在の竹島を「オリウツ礁」「メ子ライ礁」としている。『朝鮮東海岸図』の「注意」によると、「此図ハ一千八百五十七年露国中軍艦士官グラウ井ローワ氏ノ測量」によるもので、「メ子ライ礁ハ一千八百五十四年快軍艦オリウツ号ノ発見スル所ナリ」としているので、ロシア海軍が制作した地図を基にしていたことになる。

明治十年（一八七七年）、太政官指令で「竹島外一島」

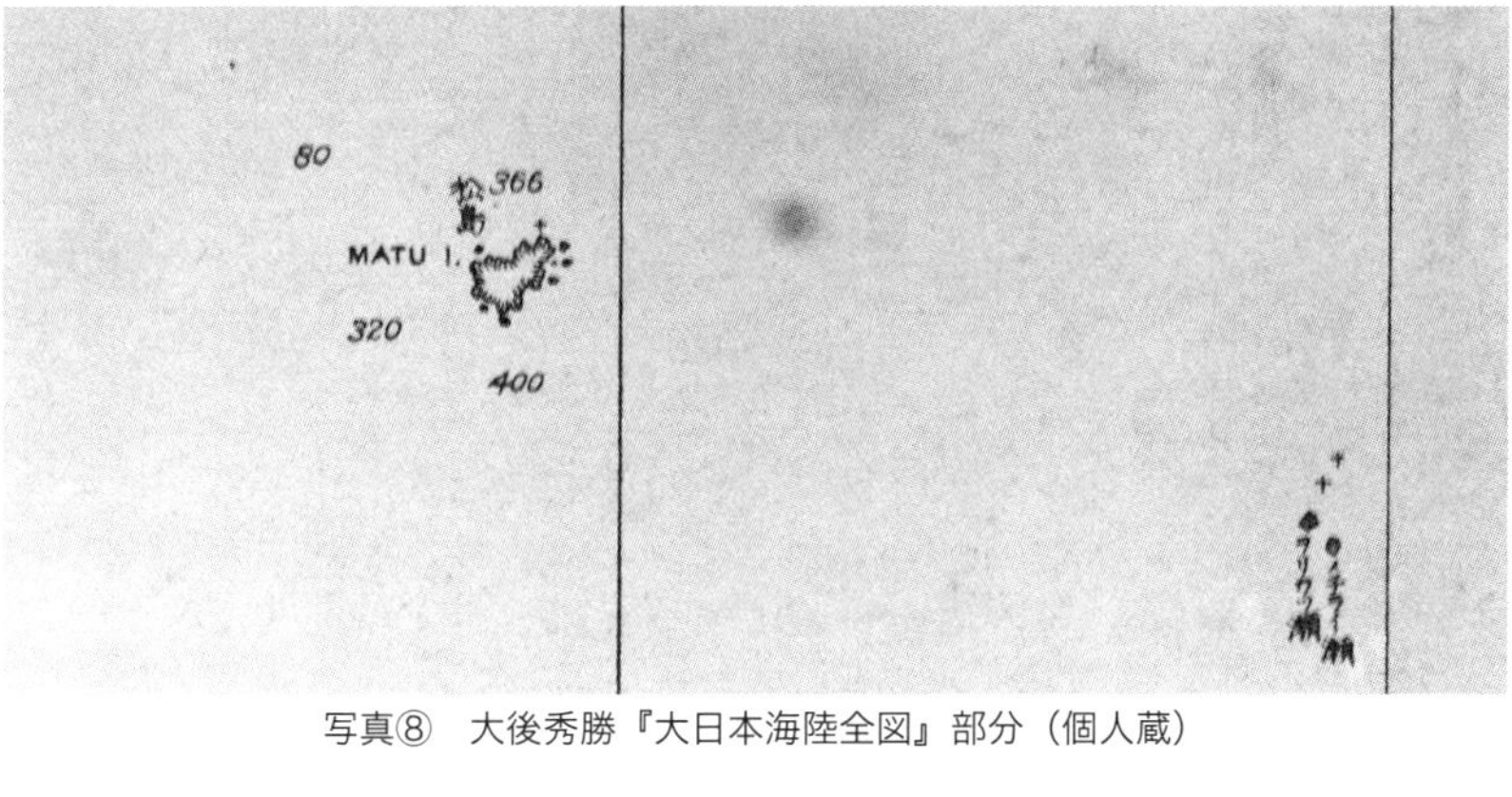

写真⑧　大後秀勝『大日本海陸全図』部分（個人蔵）

は「本邦関係無之」とした当時、外来の地図及び海図には、竹島（アルゴノート島）と松島（欝陵島）を描いたものと、松島（欝陵島）とリアンクール列岩（現在の竹島）が描かれた二種類があったのである。この事実は、太政官が前者の地図及び海図に依拠して、「竹島外一島本邦関係これなし」と判断していたとすれば、「竹島外一島」の一島（松島）は欝陵島のこととなるのである。

『独島を正しく知る』は、その太政官指令について、内務省が「独島関係の資料を五ヶ月にわたって調査・検討した後、二つの島は日本の領土ではないと結論を下し」、「太政官が最終決定を下」した「独島を日本の領土ではないと認めた公式文書」としているが、それは太政官に対する過大評価である。当時の太政官は、明治政府が誕生して間もなくのことで、日本に内閣制度が成立するのは、一八八五年である。それ以前は、過渡的な行政組織であった。そのため太政官指令といっても、島根県から伺いが出された「日本海内竹島外一島地籍編纂方伺」の前には、「病院地所ノ内司薬場へ引渡ノ儀伺」が、その後では「旧神官編籍ノ儀伺」とする「伺」が出されている。韓国側では太政官を最高行政機関として特筆しているが、その指令の内容は雑多だったのである。

事実、『独島を正しく知る』では、内務省が「欝陵島・独島関係の資料を五ヶ月にわたって調査・検討した」としているが、「外一島」とされた松島はその三年後、欝陵島のこととされたのである。

それは明治十三年（一八八〇年）九月十三日、天城艦が松島を測量し、松島が欝陵島であったことを明らかにしたことによる。一方、竹島は、欝陵島の東二キロの竹嶼のこととされたのである。それは明治十四年（一八八一年）八月、官命を受けた外務省嘱託の北澤正誠が、『竹島考証』で明かにした。「外一島」の松島は欝陵島のこととされ、竹島は欝陵島の東二キロにある竹嶼とされたのである。

韓国側の研究者の中には、樹木の生えていない竹島に、竹島と命名したのは、不可解だとする人士もいる。だが江戸時代に松島と呼ばれていた竹島を、欝陵島の呼称であった竹島とした理由について、隠岐島司の東文輔は、「欝陵島ヲ竹島ト通称スルモ、其実ハ松島ニシテ、海図ニ依ルモ瞭然タル次第」としている。外来の海図や地図では、欝陵島を松島と表記していたため、かつて欝陵島の呼称であった竹島を新島の名称としたのである。

それを『独島を正しく知る』（「露日戦争と日本の独島侵奪」）では、太政官指令に関して、次のように教えているのである。

日本は一八七七年に太政官指令で独島が日本の領土でないことを明らかにした。にもかかわらず日本は一九〇五年に独島を自国の領土に編入した。その理由について理解してみよう。

ここで教えられているのは、日本は、太政官指令で竹島を日本領ではないとしたが、日露戦争の最中、「無主の地」として日本領にしてしまった、という歴史認識である。韓国側には、竹島の島根県編入の五年前、独島（竹島）を韓国領としていたとする歴史認識があるからである。その歴史認識の根拠となっているのが、次の「勅令第四十一号」である。

第七節　「勅令第四十一号」の石島について

韓国国内には、島根県議会が「竹島の日」を定めたことに対抗し、十月二十五日を「独島の日」とする地方自治体がある。これは大韓帝国が一九〇〇年十月二十五日、「勅令第四十一号」を公布して欝陵島を欝島郡に昇格させ、その管轄区域を「欝陵全島及び竹島、石島」と定めた日である。韓国側ではその行政区域の中の「石島」を現在の独島（竹島）と解釈して、独島は日本が日本領とする五年も前に、韓国領としていた証拠とするのである。

韓国側からすれば、独島が韓国領になったのは、日本より五年も早い、と言いたいのである。それはその五年後の一九一〇年、大韓帝国が日本に併合されたことから、韓国側では独島（竹島）を日本の朝鮮侵略の最初の犠牲物とすることに繋げているからである。そこで韓国側では独島を「独立の象徴」、「民族の自尊心」等として、竹島問題を「歴史問題」とするのである。

ここで重要になってくるのが、「勅令第四十一号」の中の石島である。二〇一六年度版『独島を正しく知る』（「大韓帝国勅令第四十一号の石島）では、その石島を独島と見なし、その理由を次のように説明しているのである。

「大韓帝国勅令第四十一号にある鬱陵全島は、鬱陵島の本島を示している。竹島は鬱陵島横の竹嶼で、石島は独島を指している。当時、鬱陵島に度々往来していた全羅道の人たちは、独島を「トクソン」と呼んだ。「トク（独）」は「トル（石）」の全羅道方言である。すなわち「トクソン（独島）」は取りも直さず「トルソン（石の島）」である。「トルソン」の意味に従って、漢字で表記すれば、「石島」となり、「トクソン」の発音に従い漢字で表記すれば、「独島」となる。従って「トルソン（石の島）」、「トクソン（独島）」、「石島」は全て「独島」を指している。

これは「勅令第四十一号」の中にある石島を独島とする前提に立ち、それを語学的見地から演繹的に説明したものである。だが歴史的事実として、韓国側で竹島を独島と呼称するることになったのは、一九〇四年九月、「韓国では独島と書き、日本の漁民はリャンコ島と呼ぶ」とした日本の軍艦新高の報告が早い例である。

時系列的にみて、石島が登場するのは一九〇〇年十月の「勅令第四十一号」である。一方、独島の呼称は一九〇四年頃から始まる。その独島の呼称が四年前の「勅令第四十一号」に影響を与え、独島が石島となったとする論理には説得力がない。それに欝陵島の島民が漁業に従事するのは、欝陵島近くでイカの好漁場が発見された一九〇三年以後のことで、それ以前の欝陵島島民は、農業を生業としていた。その欝陵島の島民が独島を「生活圏」としていたとするのは無理がある。

それを欝陵島には全羅道の人が度々往来していたという理由だけで、「勅令第四十一号」の石島を独島とするのは無謀である。『独島を正しく知る』では、「当時、欝陵島に度々往来していた全羅道の人たちは、独島を『トクソン』と呼んだ」としているが、それは独島の呼称の説明であって、その「トクソン」が石島であったことの証にはならない。

それに「勅令第四十一号」で、欝島郡の管轄区域が「欝陵全島と竹島、石島」と定められる以前にも、朝鮮時代から継承された欝陵島の疆域というものがあったはずである。それらを無視し、語学的な説明だけで石島を独島とするのは独断である。

欝陵島の疆域は、安龍福の密航事件を機に捜討使が欝陵島に派遣され、彼等が作図した『欝陵島図形』によって確立した。その原型となったのが、一七一一年に朴錫昌が絵師に作図させた『欝陵島図形』である。朴錫昌はその『欝陵島図形』に、欝陵島の疆域を「縦八十里、横五十里」と記している。これは欝陵島一島のことで、その『欝陵島図形』には欝陵島から九〇キロ近くも離れた現在の竹島は、描かれていない。

その欝陵島の疆域は、一八八二年、高宗から欝陵島踏査を命じられた検察使李奎遠が描かせた『欝陵島外図』でも変わっていない。李奎遠は欝陵島の東西を「六十里」、南北を「五十里」として、欝陵島を一島とみていた。李奎遠の『欝陵島外図』では、朴錫昌が「所謂于山島」とした小島を「竹島」（チクトウ）とし、欝陵島の右上には島項を描いて、それを傍近の小島としている。検察使李奎遠が欝陵島の外周を描かせた『欝陵島外図』にも、独島が描かれておらず、独島を欝陵島の疆域には入れていなかったのである。

『独島を正しく知る』が根拠とする「勅令第四十一号」が公布されることになるのは、欝陵島では日本人による伐木等が続き、それを管理する行政機関が必要になったからである。この際、日韓合同による欝陵島視察が行われていた。

大韓帝国では、内部視察官欝陵島視察委員の禹用鼎等を欝陵島に派遣し、日本側からは釜山領事館の領事官補の赤塚正助が同行している。この時、調査は一九〇〇年六月一日から六日まで実施され、赤塚正助の復命書である『欝陵島山林調査概況』では、欝陵島の疆域を次のように報告している。

鬱陵島は韓国江原道に属したる島嶼にして、松島又は竹島と称し「分註」東経一三〇度八分二秒、北緯三七度五分、(中略)、東西凡六哩強、南北凡四哩強、周囲凡二十哩。

これは明らかに鬱陵島一島のことである。さらに赤塚正助の『鬱陵島山林調査概況』には鬱陵島の地図が添付され、その地図には鬱陵島本島の他に、付属の島嶼として「竹島」、「島牧」、「空島」の三島が描かれている。この三島は、李奎遠の『鬱陵島外図』に描かれている竹島(チクトウ)と島項、孔岩のことである。その内、島項が「島牧」(ソンモク)と表記されたのは、島項を韓国語の発音に合わせ、漢字で表記しているからである。これは「空島」も同じで、孔岩(コン・アン)を島と見立てて、韓国語の音に従って「空(コン)島」と表記したのであろう。赤塚正助が提出した鬱陵島地図は、捜討使朴錫昌の『鬱陵島図形』に始まって、李奎遠で完成した『鬱陵島外図』を踏襲している。

この赤塚正助が示した鬱陵島の彊域は、視察委員の禹用鼎が報告した鬱陵島の彊域とも重なっている。『勅令第四十一号』が公布されたのは、その禹用鼎の報告を受け、内部大臣の李乾夏が一九〇〇年十月二十四日、『鬱陵島を鬱島と改称し島監を郡守に改正することに関する請議書』を議政府会議に提出したことによる。その『請議書』でも、欝陵島の彊域は、「該島地方は縦八十里で、横五十里」と明記されている。『請議書』の中で、欝陵島の彊域を「縦八十里、横五十里」とした数字は、一七一一年に捜討使朴錫昌が作図した『欝陵島図形』に記されている数字と同じである。この事実は、朴錫昌の『欝陵島図形』に独島が描かれていなかったように、欝島郡の管轄区域である「欝陵全島と竹島、石島」には、独島（竹島）は含まれていないということである。

それに視察委員禹用鼎が欝陵島に派遣される前年、大韓帝国では玄采訳輯の『大韓地誌』（一八九九年刊）が刊行され、そこでは大韓帝国の彊域を「東経一二四度三十分に起り一三〇度三十五分に至る」と明記しているからだ。この大韓帝国の彊域に、「東経一三一度五十五分」に位置する竹島（独島）は含まれていない。

では『勅令第四十一号』で欝島郡の管轄区域とされた竹島と石島は、欝陵島のどの小島を指しているのであろうか。そこで改めて検察使李奎遠の『欝陵島外図』とその復命書である『啓草本』と李奎遠自身の『欝陵島検察日記』で確認すると、欝陵島の属島には、竹島（チクトウ）と島項の二島があるとしている。

その二島の内、竹島（チクトウ）は、一七一一年、捜討使の朴錫昌が描かせた『欝陵島図形』で「所謂于山島」と付記された竹嶼のことである。

すると欝島郡の管轄区域とされた石島は、李奎遠が『欝陵島検察日記』等で「ただ叢竹あるのみ」とした島項のこととしてよいであろう。

李奎遠が欝陵島の東側にある小島に、島項と命名したのは、その小島が「形、臥牛のごとし」、その形が臥牛のように見えるからとしている。その島項は、海図306号「竹邊灣至水源端」では鼠項島と表記され、英文表記で[So moku Somu]とその読み方が記されている。これを韓国語の音で読むと、「牛の首(項＝うなじ)の島」の意味になる。鼠項は、その韓国語の音の「牛の首(項＝うなじ)」を漢字に借字したもので、漢音ではない。

だが「勅令第四十一号」で欝島郡の管轄区域とされた「欝陵全島と竹島、石島」をみると、いずれも漢音で表記されている。欝陵全島と竹島はもともと漢音で表記されているが、島項(鼠項島)は、韓国語の音を漢字に借字したものである。

そこでこの鼠項島の鼠項を漢音に直すには、伝統的な反切借字として読んで、一音(漢音)にする方法がある。その反切借字として鼠項島を読むと、石島(「Soku＝石」島)となるのである。

【借字は、二字を書いて反切し、一音に読ませる方法で、鼠項の鼠（So）の最初の母音oと、項（moku）の最初の子音mを除く。すると鼠項（Somoku）からomが除かれ、Soku（石）となって、鼠項は漢音の石となる】

「勅令第四十一号」で、欝島郡の管轄区域を「欝陵全島と竹島、石島」とする際に、韓国語音で表記された島項を漢音に直し、漢音の石島としたのであろう。

韓国側の竹島研究では、この島項を敢えて「トハン」と漢音で読む研究者がいるが、それでは島項が石島であった証拠を隠滅しようとするのと同じである。また島項を日本側の表記である観音島として、島項と石島との結び付を曖昧にしようとしている人士もいる。

だが「勅令第四十一号」が公布された当時、島項が（ソンモク）と呼称されていたことは、赤塚正助が欝陵島地図で島牧（ソンモク）と表記していたことでも明らかである。

「勅令第四十一号」の欝島郡の行政区域に石島があったのは、韓国語音で表記された島項（鼠項島）を反切借字として読み、漢音として表記したからである。従って、「勅令第四十一号」の欝島郡の行政区域には、竹島（独島）は含まれておらず、その石島を独島とし、独島を韓国領とする証拠には使えないということである。

その事実には、韓国側も気がついているのであろう。『独島を正しく知る』の二〇一六年度版までは、「(独) は「トル (石)」の全羅道方言である」、「従って、トルソン (石の島)」、「トクソン (独島)」、「石島」は全て「独島」を指している」等としていたが、二〇一七年の改訂版『独島を正しく知る』では、その説明が削除されている。

明治政府は明治三十八年一月二十八日、閣議決定によって竹島を隠岐島司の所管とし、その旨、内務大臣は島根県知事に訓示した。島根県知事の松永武吉は、閣議決定と内務大臣訓令に基づき、二月二十二日、「島根県告示第四〇号」をもって竹島を隠岐島司の所管としたのである。その際、明治政府は「他国ニ於テ之ヲ占拠シタリト認ムヘキ形跡」がなく、「国際法上占領ノ事実アルモノト認メ之ヲ本邦所属」としていたのである。

韓国側ではこれまで「勅令第四十一号」に示された行政区域の中の石島を独島とし、独島は一九〇〇年から韓国領になったとしてきた。だがその石島は、李奎遠が『欝陵島検察日記』の中で「形、臥牛のごとし」とした島項のことであった。「勅令第四十一号」によって、独島は韓国領にはなっていなかったのである。

それを韓国政府は一九五二年一月十八日、「李承晩ライン」を宣言して、竹島を韓国領としてしまったのである。その根拠として、二〇一六年版の『独島を正しく知る』ではカイロ宣言に触れ、次のように説明している。

第二次世界大戦が終わりに近付く頃、連合国軍は日本が戦争前に暴力で侵奪した地域から撤収しなければならないという原則に合意した。この地域には独島が含まれていた。

それを二〇一七年版の『独島を正しく知る』では、「戦後連合国は独島をどのように処理したのか」と題して、「第二次世界大戦で連合国が優勢に転じた一九四三年十一月、米国・英国・中国の首脳はエジプトのカイロで会談を開いた。カイロ会談では戦後の日本の領土処理に関する連合国の基本方針と韓国の独立問題に言及した。三か国の首脳は（ルーズベルト・チャーチル・蒋介石）が合意した『カイロ宣言』は、日本が「暴力及び貪欲で盗んだ一切の地域から撤収しなければならない」と規定した、と教えているのである。

だが歴史的事実として、これまでも述べてきたように竹島は、韓国領であったことはない。従って、日本が「暴力及び貪欲で盗んだ」地域にも該当しない。竹島は、韓国側が「暴力及び貪欲で略取した」日本の領土である。韓国の「東北アジア歴史財団」が開発した『独島を正しく知る』は、自らの侵奪の歴史を正当化するための副教材だったのである。

結語

さて以上、竹島問題を歴史的観点から論じていくと、これまで韓国側が論拠としてきた文献や古地図には、何ら証拠能力がなかったことが、明らかなはずである。韓国の独島教育では、歴史的根拠のない偽りの歴史が教えられ、それが「歴史認識」となって反日感情を増幅させてきたのである。

日韓双方は、この現実を克服していかない限り、互いに不愉快な関係を続けていくことになる。それは過去の歴史を自らの「歴史認識」で問題にする韓国側と、過去の歴史に無頓着な日本という、互いの社会基盤の違いから抜け出すことができないからである。

韓国側の場合、対話よりも自己の正当性を国際社会に喧伝する傾向がある。これに対して、日本は、歴史問題が抜き差しならないほど大きくなっても、それを深刻に受け止めることがない。これは中央集権的な社会体質を持つ朝鮮半島と、長く地方分権的な社会体制を維持してきた日本の違いでもある。

その朝鮮半島と日本が、竹島問題や慰安婦問題など、「歴史問題」を争う時は、過去の歴史を「歴史認識問題」とする韓国側の歴史的特質を理解し、それを未然に防ぐためにも反論することである。その点で、日本側に決定的に欠けているのは、韓国側にはある「東北アジア歴史財団」のような司令塔の存在である。

日本と朝鮮半島は、少し視野を広げ、互いの歴史的背景を考慮しながら、過去の歴史を検証することのできる関係を構築していく必要がある。歴史の事実ではなく「歴史認識」で語られた「独島を正しく知る」を検証していけば、その理由はおのずから明らかである。近く、日本でも竹島問題が学習の対象となっていく。これを機に、日本と朝鮮半島のみならず、アジア地域の歴史的特質を検討しながら、相互理解の場を作っていきたいものである。本書が、その対話のきっかけとなれば幸甚である。

知ってお く べき竹島の真実シリーズ

安龍福の供述と竹島問題

下條正男 著

竹島問題を理解するための入門編として最適なブックレットシリーズ第1弾。日本と韓国の歴史認識の相違の端緒ともいえる、安龍福という人物の供述を検証することで本当の歴史認識を考えます。

ISBN978-4-86456-220-1
C0021　¥500E
定価：本体500円＋税

【著者プロフィール】

下條正男

1950年長野県生まれ。國學院大學大学院博士課程修了。1983年韓国三星綜合研修院主任講師、市立仁川大学校客員教授を経て、98年帰国。翌年拓殖大学国際開発研究所教授、2000年同大学国際開発学部アジア太平洋学科教授に就任、現在に至る。
専攻は日本史。第１～第３期竹島問題研究会座長、元Web竹島問題研究所所長。著書に『日韓・歴史克服への道』（展転社）、『竹島は日韓どちらのものか』（文春新書）他。

韓国の竹島教育の現状と
その問題点

二〇一八年十一月二十一日　初版発行

著者　拓殖大学教授　下條正男
発行　第四期島根県竹島問題研究会
販売　ハーベスト出版
〒六九〇-〇一三三
島根県松江市東長江町九〇二-五九
TEL　〇八五二-三六-九〇五九
FAX　〇八五二-三六-五八八九
印刷・製本　株式会社谷口印刷
落丁本、乱丁本はお取替えいたします。
Printed in Japan
ISBN978-4-86456-291-1 C0021